영어회화에 특히 강한

핵심 영문법

CHRIS SUH

MENT⊘RS

(초단기 영어완성 1권)

영어회화에 특히 강한
핵심영문법

2024년 10월 21일 인쇄
2024년 10월 28일 발행

지 은 이   Chris Suh
발 행 인   Chris Suh
발 행 처   **MENT⊘RS**
         경기도 성남시 분당구 분당로 53번길 12 313-1
         TEL 031-604-0025 FAX 031-696-5221
         mentors.co.kr
         blog.naver.com/mentorsbook
         * Play 스토어 및 App 스토어에서 '멘토스북' 검색해 어플다운받기!
등록일자   2005년 7월 27일
등록번호   제 2022-000130호
I S B N   979-11-988955-8-5(14740)
         979-11-988955-6-1(세트)
가   격   15,000원(영작연습PDF 무료다운로드)

머리말

✅ 실용영어를 위한 문법

영어학습의 궁극적 목표는 영어로 말하고 영어로 글을 쓰는 것이다. 영어가 모국어가 아닌 우리 그래서 후천적으로 영어를 학습해야 하는 우리는 영문법의 도움을 받아야 된다. 다시 말하면 영어말하기에 쓰는데 필요한 최소한의 핵심문법사항은 알고 영어회화와 작문을 해야 한다는 말이다. 또한 문법도 실용영어를 하는데 필요한 최소한의 도구이다. 따라서 문법을 위한 문법이 아닌 '실용영어를 위한 문법'이란 캐치프레이즈를 내걸고 실제로 영어를 읽고 말하는 데 필요한 영어문법 사항들만을 정리하였다. 가장 실용적인 영어회화문(Dialogue)을 통해 우리가 학습해야 할 문법사항을 언급하는 것 또한 '지금,' '현재' 쓰이고 있는 문법을 지향하기 위함이다.

✅ 영어회화를 위한 문법

다시 말하자면 실용영어의 목적은 영어로 하는 의사소통이다. '영어말하기'란 목표를 달성하기 위해 문법에 영어회화를 접목해본다. 문법을 단순한 지식으로 책상에서만 필요한 것이 아니라 실제 영어로 말하는데 활용할 수 있도록 매 Unit별로 학습한 문법지식을 바탕으로 다양한 문장을 영어로 옮겨보는 훈련인 [영어로 말해보기]를 해보며 간접적인 영어회화학습을 시도해본다. 이는 점점 실용화되는 영어시험자격증인 TOEFL, TOEIC, IELT 등에서 고득점을 취할 수 있는 기본 베이스가 될 수 있을 것이다.

✅ 다양한 테스트

학습한 문법사항은 연습을 통해 훈련하지 않으면 다 날아가버린다. 이런 과오를 범하지 않기 위해 각 Unit마다 다양한 영작연습을 할 뿐만 아니라 Supplements에 가장 중요하고 빈번하게 사용되는 문법패턴 100개를 선정하여 패턴을 간략히 언급하고 우리말을 영어로 옮기는 연습을 열심히 해보기로 한다. 이 책, 영어회화에 특히 강한 핵심 영문법으로 핵심 문법사항을 익히고 이를 바탕으로 우리말을 영어로 옮기는 연습을 반복해보고 나면 문법이 영어로 말하는데 얼마나 중요한지를 깨닫게 될 것이다.

특징과 구성

✔ 특징

1. 영어회화를 위한 문법

문법의 목적 또한 의사소통이다. 문법을 위한 문법, 독해를 위한 문법을 지양하고 문법을 통해 실제로 어떻게 영어로 말할 수 있는가를 집중 연습한다.

2. 살아있는 실용영문법

이젠 실용영어의 시대! 불필요한 문법지식은 다 버리고 오직 실용영어만을 토대로 꼭 알아야 하는 문법 엑기스만을 정리하였다.

3. TOEFL, TOEIC에 강한 문법

TOEFL, TOEIC, IELT 등의 영어자격증을 겨냥하여 여러 유형의 테스트와 영어쓰기훈련을 할 수 있도록 꾸며졌다.

✔ 구성

1. Chapter

문장의 기본개념으로부터 시작해서 문장의 종류, 동사, 시제, 명사와 관사, 대명사, 형용사와 부사, 비교, 분사, 부정사와 동명사, 수동태, 전치사[구], 접속사, 문장의 5형식, 그리고 복잡한 문장 이해하기 등 총 15개의 Chapter로 실용영문법의 엑기스만을 집중 구분하여 정리하였다.

● 총 15개의 Chapters

Chapter 1. 문장의 기본개념
Chapter 2. 문장의 종류
Chapter 3. 동사
Chapter 4. 시제
Chapter 5. 명사와 관사
Chapter 6. 대명사
Chapter 7. 형용사와 부사
Chapter 8. 비교
Chapter 9. 분사

2. Unit

Chapter는 다시 세분되어 각 Chapter별로 2~7개의 Unit로 정리된다. 따라서 총 15개의 Chapter를 다 더하면 총 92개의 Unit로 구성되어 있으며 각 Unit는 다시 Grammar in Dialog, Point, 영어로 말해보기 등으로 나누어진다.

- 각 Unit의 구성
- Grammar in Dialog
- Point
- 영어로 말해보기

3. Supplements

중요하다고 생각되는 영어문법패턴 100개를 선정하여 이를 익히고 이를 이용한 우리말을 영어로 바꿔보는 훈련을 집중적으로 할 수 있게 하였다. 특히 이 부분은 홈피나 어플에서 별도의 PDF를 여러 번 다운받아 여러 번 영어로 옮겨보는 연습을 할 수 있게 하였다.

이책의 사용법

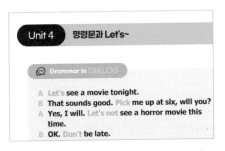

Grammar in Dialog

영어회화와 문법을 접목시키는 부분. 각 Unit에서 학습할 문법사항이 실제 영어회화에서는 어떻게 쓰이는지 보면서 문법을 왜 배워야 하는지를 느껴본다.

Point

역시 실용성에 focus를 맞춰 불필요한 문법지식을 다 걷어내고 오직 실제로 영어를 말하고 쓰는 데 필요한 문법엑기스만을 간단하지만 밀도있게 서술하고 있는 부분이다.

영어로 말해보기

이번에는 좀 더 적극적으로 문법과 영어회화를 접목시키는 공간이다. 학습한 문법사항을 실제로 영어말하는데 활용해 볼 수 있는 공간으로 문법이 살아있음을 느낄 수 있다.

(more tips!)

1 명령문, Let's~ 문장의 부가의문문 만들기

● 명령문은 「, will you?」를 덧붙인다.

Get me some water, will you? 물 좀 가져다줄래?

● Let's~ 는 「, shall we?」를 덧붙인다.

Let's go for a walk, shall we? 산책가자, 응?

2 부가의문문에서 앞문장이 부정명령문일 경우도 긍정명령문과 덧붙여지는 ?
다. 이 때 명령문에 덧붙여지는 문장이 can't you?, won't you?일 경우는 ?
하기 위해서이다.

more tips!

Point에서 못다한 추가정보를 그 때그때마다 간략히 설명해준다.

---

1 I can/can't + 동사원형 → '나는 ~할 수 있다/없다' → 능력

나는 스키 탈줄 알아요.	I can ski.
그는 불어를 매우 잘해요.	He can speak Frenchvery
나는 스파게티 만들 줄 몰라요.	I can't make spaghetti.

2 Can I + 동사원형? → '내가 ~해도 될까?' → 허락

내가 여기에 주차해도 될까?	Can I park here?
내가 당신 이름 물어봐도 될까요?	Can I ask your name?
내가 그 전화 사용해도 될까?	Can I use the phone?
너는 풀장에서 수영해도 돼.	You can swim in the pool.

3 Could you+동사원형? → '~해줄래요?' 부탁

저 도와 주실래요?	Could you help me?
집에까지 태워다 주시겠어요?	Could you give me a ride h
10달러 지폐 바꿔 줄 수 있어요?	Could you change a ten-d

Supplements

영어문장 만드는데 꼭 필요한 문법패턴 100개로 실제 영어문장을 만드는 연습을 해보는 공간. 여러 번 반복하고 싶은 분들을 위해 홈피나 어플에서 PDF파일을 다운로드받을 수 있게 했다.

CONTENTS

CONTENTS

Chapter 01 문장의 기본개념

Grammar in DIALOG

A **Happy birthday. I have something for you.**
B **Thank you. Wow, it's a beautiful hat.**
A **Do you like it?**
B **Yes, I really like it. You always make me happy.**

A 생일축하해. 이거 너 줄려고.　　　　B 고마워. 와, 예쁜 모자네.
A 마음에 들어?　　　　　　　　　　　B 어, 정말 마음에 들어. 넌 항상 날 기쁘게해줘.

 POINT

1　문장은 크게 주부(주어)와 서술부(동사, 목적어, 보어, 문장의 나머지)로 나눌 수 있다.

My sister and I hate doing house work, especially
　　　주부　　　　　　　　　　　　술부

dishwashing. 　언니와 나는 집안일 특히 설겆이를 싫어한다.

2　주어(Subject, ~가)와 동사(Verb, ~이다/~하다)가 주부와 서술부의 핵심이다.

I am **happy.** 　나는 행복하다. [I가 주어, am이 동사]

My brother gets up **early.**
남동생은 일찍 일어난다. [My brother가 주어, gets up이 동사]

3　동작의 대상이 필요할 때는 목적어(Object, ~을)를 쓴다. 명사/대명사가 목적어 역할을 한다.

I have breakfast **at 8:00.**
나는 8시에 아침을 먹어. [breakfast가 목적어]

I got another speeding ticket **this morning.**
난 오늘 아침에 속도위반딱지를 떼었어. [speeding ticket이 목적어]

I'm taking a computer class **these days.**
나는 요즘 컴퓨터 수업을 들어. [a computer class가 목적어]

4 주어나 목적어에 대해 보충 설명하기 위해 보어(Complement)를 쓴다. 각각
   주격보어와 목적격보어라고 말한다.

   You look pretty. 너 예뻐 보인다. [you=pretty이므로 pretty는 주격보어]

   You sound unhappy. **What's the matter?**
   너 목소리가 안 좋은데. 무슨 일이야?
   [you=unhappy하니 unhappy는 주격보어]

   This soup smells funny. **What's in it?**
   그 수프 냄새가 이상한데. 뭐 넣은거야?
   [soup이 funny하니 funny는 주격보어]

   He always makes me happy.
   그는 나를 항상 행복하게 한다. [me=happy이므로 happy는 목적격보어]

   I'm sorry for keeping you waiting.
   기다리게 해서 미안해. [waiting이 목적격보어]

5 문장의 기본요소(주어, 동사, 목적어, 보어)를 설명하거나 수식해주는 수식어
   (Modifier)가 있다.

   Is Jim a hard **worker?**
   Jim은 열심히 일하니? [hard는 worker라는 명사를 수식해준다.]

   I was really **excited to see James.**
   난 정말로 제임스를 만나서 좋았어. [really란 부사는 excited라는 분사를 수식해준다.]

   Fortunately, **the weather is very nice.**
   다행히 날씨가 좋다. [Fortunately는 문장전체를 수식하는 수식어이다.]

⟨ **영어로 말해보기** ⟩

1 동생은 공부를 열심히 한다.   **My brother studies hard.**
2 나는 매일 아침을 먹는다. (eat)   **I eat breakfast every day.**
3 그는 나를 항상 행복하게 한다.   **He always makes me happy.**
4 나를 Liz라고 불러. (call)   **Call me Liz.**
5 금발머리 여자애를 봐라. (with blonde hair)   **Look at the girl with blonde hair.**

💬 Grammar in DIALOG

A **What do you like about Daniel?**

B **Well...he has a good sense of humor and makes me laugh a lot.**

A **What does he look like?**

B **He's quite handsome and *well-built.**

> * well-built 체격이 좋은

A 다니엘의 어느 점이 마음에 드는거야?   B 어, 유머감각이 좋아서 날 많이 웃게 해.
A 걘 어떻게 생겼어?   B 아주 미남이고 체격이 좋아.

1 문장을 이루는 단어의 종류는 다음과 같다.

● **명사**(Noun) - 사람, 사물 등의 이름을 나타내는 말

(cell phone, computer, BMW, Canada, Tom, love 등)

Anne **lives in** Canada. Anne은 캐나다에 산다.

There's a chicken **in the** garden. 정원에 닭이 있다.

● **대명사**(Pronoun) - 명사를 대신해서 쓰는 말

(he, I, they, this, that, it 등)

You **can turn off the television.** I**'m not watching it.**
텔레비전 꺼도 돼. 난 안보고 있어.

I **don't usually have a big** lunch. 나는 보통 점심을 거하게 먹지 않아.

● **동사**(Verb) - 움직임이나 상태를 나타내는 말

(eat, sleep, drink, take, drive, have, know 등)

Take **an umbrella. It's raining.** 우산 가져가. 비 오고 있어.

Chris and I went **to the same high school.**

Chris와 나는 같은 고등학교에 다녔다.

- **형용사**(Adjective) - 성질이나 상태를 나타내는 말

(good, happy, tired, bored 등)

I'm tired. I want to go home. 피곤해. 집에 가고 싶어.

Susan seemed upset this morning. Susan은 오늘 아침 화난 듯했다.

- **부사**(Adverb) - 때, 장소, 정도 등을 나타내는 말

(always, usually, yesterday, here, there, much, a lot, quickly, carefully 등)

Please listen carefully. 잘 들어주세요.

He spoke too quickly to understand. 그는 알아듣기 너무 빨리 말했다.

- **전치사**(Preposition) - 명사, 대명사 앞에 와서 도와주는 말

(to, at, in, on, about 등)

I can give you a ride to school. 학교에 데려다 줄 수 있어.

I'm looking forward to seeing you.
당신 뵙기를 손꼽아 기다리고 있어요.

Take a look at this. 이것을 봐.

Sorry about that. 그것에 대해 미안해.

- **접속사**(Conjunction) - 앞, 뒤의 말들을 연결해 주는 말

(and, but, or, if, because 등)

Say yes or no. Yes 인지 No 인지 대답해.
We drank, talked and danced. 우리는 마시고 이야기하고 춤 췄다.

- **감탄사**(Exclamation) 감탄하는 느낌을 나타내는 말 (wow, oh, ouch 등)

Wow, what a lovely day! 와, 날씨좋다!

Ouch, it really hurts! 아야, 정말 아프다!

Oops, I made a mistake again! 저런, 또 내가 실수했군!

영어로 말해보기

1	그녀는 회사에 차 몰고 다닌다.(drive to work)	**She drives to work.**
2	좋은 시간 보내라.(good)	**Have a good time.**
3	내가 학교에 데려다 줄 수 있어.(give you a ride to~)	**I can give you a ride to school.**
4	Jack은 젊지만 똑똑하다.	**Jack is young, but he's smart.**
5	아야, 정말 아프다!(hurt)	**Ouch, it really hurts!**

Chapter 02 문장의 종류

Unit 3 평서문

💬 Grammar in DIALOG

A **Please introduce yourself.**

B **I'm David Whitman. I go to Madison middle school. I'm interested in sports. My *favorite sports are soccer and swimming. I want to be a soccer player in the future.**

* favorite (형) 좋아하는, (명) 좋아하는 것

A 자기 소개를 해보세요.
B 데이빗 휘트먼입니다. 매디슨 중학교에 다니고 있고 스포츠에 관심이 있습니다.
  가장 좋아하는 스포츠는 축구와 수영입니다. 장래에 축구선수가 되고 싶습니다.

✎ POINT

1 평서문은 가장 흔한「주어+동사」어순이다.

   I like **apples.** 나는 사과를 좋아해요.

   You can park **here.** 당신은 여기에 주차하셔도 좋아요.

   My dream **is to be a singer.** 내 꿈은 가수가 되는 것이다.

   I moved **here five years ago when I was in high school.**
   난 고등학교 다닐 때인 5년전에 이리로 이사왔어.

   I have **brown hair and brown eyes.**
   나는 갈색 머리와 갈색 눈을 가지고 있다.

   We usually **go to church on Sundays.**
   우리는 보통 일요일마다 교회에 간다.

2 평서문은 긍정문과 부정문으로 나누어 쓴다.

   ● 긍정문

   I am **from Korea.** (Be동사) 나는 한국에서 왔다.

20

I can **speak English a little.** (조동사) 나는 영어를 조금 할 줄 안다.

I like **to learn English.** (일반동사) 나는 영어 배우는 것을 좋아한다.

Paul drives **to school.** (일반동사) Paul은 학교에 차를 몰고 다닌다.

Leo should **be at work at this hour.** (조동사)
Leo는 이 시간이면 직장에 있을거야.

● 부정문

I'm not **free this afternoon.** (Be동사) 나는 오후에 한가하지 않다.

I can't **go to the movies with my friends.** (조동사)
나는 친구들과 영화 보러 못 간다.

Sometimes, I don't **like to study.** (일반동사)
나는 가끔 공부하는 것이 싫다.

I won't **tell a lie again. I promise.** (조동사)
다시는 거짓말 안할게. 약속해.

She must not(mustn't) **be at home.** (조동사) 집에 없음에 틀림없어.

(**more tips**) **not의 단축형**
be동사나 조동사와 부정어 not을 나란히 쓸 때 단축형을 사용하는 경우가 많다.

is not → isn't	are not → aren't	do not → don't
does not → doesn't	have not → haven't	has not → hasn't
cannot → can't	will not → won't	

영어로 말해보기

1 너는 좌석밸트를 매야한다. (fasten the seatbelt)

2 나는 영어 배우는 것을 좋아한다. (like to)

3 너의 여동생은 여기에 있지 않아.

4 사람들은 음주운전을 해서는 안된다. (drink and drive)

5 나는 가끔 공부하는 것이 싫다. (Sometimes, like to)

You must fasten the seatbelt.

I like to learn English.

Your sister isn't here.

People must not drink and drive.

Sometimes, I don't like to study.

Grammar in DIALOG

A **Let's** see a movie tonight.
B That sounds good. **Pick** me up at six, will you?
A Yes, I will. **Let's not** see a horror movie this time.
B OK. **Don't** be late.

A 오늘밤에 영화보자.　　　　　　　B 좋지. 6시에 데리러 와, 그럴래?
A 어, 그럴게. 이번에는 공포영화는 보지 말자.　B 그래. 늦지마.

POINT

1 　명령문은 상대방에게 지시할 때나 일상생활에서 '~을 하세요'의 느낌으로 쓴
다. 동사원형으로 시작하고 공손히 말하기 위해서는 앞에 Please 또는 뒤에
~, please를 붙인다.

Be good. 착하게 행동해.
Come in. 들어와요.
Please make yourself comfortable. 편안히 계세요.
Help yourself, please. 마음껏 드세요.
Enjoy your holiday. 휴가를 잘 보내라.
Do be careful. 정말 조심해라.[명령문 강조]
Do keep that in mind. 그것을 꼭 명심해라.[명령문 강조]

2 　부정명령문은 Don't나 Never로 시작한다.

Don't be late. 늦지마.
Don't do that again. 다시는 그러지마.
Don't do that again or you'll be in a big trouble.
다시는 그러지마라 그렇지 않으면 큰일날거야.
Never give up. 절대 포기 하지마.

Never be late again. 절대 다시는 늦지마라.

3 「Let's~」는 '~하자'라는 뜻이며 Let us가 축약된 형태로 다음에 동사원형이 온다.

Let's go to school. 우리 학교가자.

Let's see a movie. 우리 영화보자.

Let's take a five-minute break. 우리 5분 쉬자.

4 「Let's not~」은 다음에 동사원형이 와서 '~하지말자'라는 뜻으로 쓴다.

Let's not skip the class. 우리 수업 빼먹지 말자.

Let's not see the movie. 우리 그 영화 보지 말자.

Let's not cheat. 우리 컨닝하지 말자.

(more tips!)

1 명령문, Let's~ 문장의 부가의문문 만들기

● 명령문은 「, will you?」를 덧붙인다.

Get me some water, will you? 물 좀 가져다줄래?

● Let's~ 는 「, shall we?」를 덧붙인다.

Let's go for a walk, shall we? 산책가자, 응?

2 부가의문문에서 앞문장이 부정명령문일 경우도 긍정명령문과 덧붙여지는 문장은 같다. 이 때 명령문에 덧붙여지는 문장이 can't you?, won't you?일 경우는 더욱 강조하기 위해서이다.

● 1, 3인칭 명령문 「Let+목적어+동사원형」

'나' 또는 '그녀/그'에게 '~해라'라고 하는 명령문 표현은 없으므로 '너'를 제외한 인칭일 경우 let 동사를 사용할 수 있다.

Let me think. 생각 해볼께.

Let him go home. 그를 집에 가게 해.

(영어로 말해보기)

1 편안히 계세요.　　**Please make yourself comfortable.**

2 오늘밤에 영화보자.　**Let's see a movie tonight.**

3 수업은 빠지지 말자.　**Let's not skip the class.**

4 다시는 그러지마.　　**Don't do that again.**

5 마음껏 드세요.　　　**Help yourself, please.**

동사로 시작하는 의문문

Grammar in DIALOG

A **Do** you cook every day?
B **Yes, I do.**
A **Are** you a good cook?
B **Yes, I am.**
A **Can** you make spaghetti?
B **Sure, I can.**

A 너 매일 요리해?　　　　　B 어, 그래.
A 요리 잘해?　　　　　　　B 어, 잘해.
A 스파게티 만들 수 있어?　　B 그럼, 만들 수 있어.

 POINT

1 be동사가 들어간 문장의 의문문은 그 be동사가 문장의 첫머리에 온다.

Am	I	
Are	we/you/they	happy/ free/ tired 등…?
Is	he/she/it	

I am late. Am I late? 내가 늦었다./ 내가 늦었어?
You are free. Are you free? 너는 한가하다./ 너는 한가하니?
We are lost. Are we lost? 우리는 길을 잃었다./ 우리는 길을 잃었니?
You are going home. Are you going home?
너는 집으로 가고 있다./ 너는 집으로 가는 중이야?

2 조동사가 들어간 문장의 의문문은 그 조동사가 문장의 첫머리에 온다.

Can	I/we/you/they he/she/it	swim/ ski/ cook 등…?

24

You can speak English well. Can you speak English well?
너는 영어를 잘한다. 너는 영어를 잘하니?

He can swim. Can he swim?
그는 수영을 할 수 있다. 그는 수영을 할 수 있니?

3 일반동사가 들어간 문장의 의문문은 인칭과 시제에 맞는 do의 형태가 문장의 첫머리에 온다.

Do	**I/we/you/they**	
Does	**he/she/it**	**work/live/eat 등...?**

You have a lot of money. 너는 돈이 많구나.

Do **you have a lot of money?** 너는 돈이 많니?

He gets up early. 그는 일찍 일어난다.

Does **he get up early?** 그는 일찍 일어나니?

They go **to church every Sunday.** 그들은 일요일마다 교회에 간다.

Do **they** go **to church every Sunday?**
그들은 일요일마다 교회에 가니?

4 동사로 시작한 의문문에 대한 답은 대부분 Yes 또는 No로 시작한다.

"Am I late?" "Yes, you are." 내가 늦었어? 응, 그래.

"Can you swim?" "No, I can't." 너는 수영할 줄 알아? 아니, 못해.

"Does Chris work?" "Yes, he does." Chris는 일해? 응, 그래.

╲ **영어로 말해보기** ╱

1 그들은 늦어서 미안해 하니?　　　　**Are they sorry for being late?**
2 Tom은 요리를 잘할 수 있니?　　　　**Can Tom cook well?**
3 Jin은 주말마다 하이킹 가니?　　　　**Does Jin go hiking every weekend?**
4 Smith씨 부부는 하와이에 사시니?　　**Do Mr. and Mrs. Smith live in Hawaii?**
5 Tom과 John은 여기 근처에 사니?　　**Do Tom and John live near here?**

💬 Grammar in DIALOG

A **What do you do?**
B **I'm a teacher.**
A **Where do you teach?**
B **I teach at Minsun high school.**
A **When do you leave for work?**
B **I leave for work at 7:30 in the morning.**
A **How do you get to school every day?**
B **I drive there.**

* leave for ~를 향해서 떠나다

A 하시는 일이 뭐예요?   B 교사입니다.
A 어디서 가르치세요?   B 민선 고등학교에서 가르쳐요.
A 학교로 언제 집에서 출발해요? B 아침 7시 반에 출발해요.
A 매일 학교는 어떻게 가요?   B 차로 가요.

✏️ POINT

1 의문사의 종류는 who(누구), what(무엇), which(어떤것), when(언제), where(어디서), why(왜), how(어떻게) 등이다.

2 의문사가 있는 의문문의 어순은 다음과 같다.

• be동사가 있는 문장의 의문문 : 의문사+be동사+주어...?

Where is Kate? Kate는 어디 있어?

"Who is it?" "It's me." 누구세요? 나야.

• 조동사가 있는 문장의 의문문 : 의문사+조동사+주어+동사원형...?

How can I get to the airport? 어떻게 공항에 가지?

26

What **should I do?** 어떻게 해야 하지?

● 일반동사가 있는 문장의 의문문 : 의문사+do/does+주어+동사원형...? 또는 의문사 +동사...?

Who **do you live with?** 너는 누구와 사니?
(who는 전치사 with의 목적어역할)

의문사 자신이 주어인 경우

Who **lives in this house?** 이 집에는 누가 사니?
(who는 주어역할)

3 의문사로 시작하는 의문문은 **구체적인 정보를** 요구한다.

"What's your name?" "My name is Sue."
너는 이름이 뭐니? 내 이름은 Sue야.

"Where do you live?" "I live in Korea."
너는 어디에 사니? 한국에 살아.

"Who do you live with?" "I live with my parents."
너는 누구와 함께 사니? 부모님과 함께 살아.

"Why do you study English?" "I want to make friends from other countries."
너는 왜 영어공부 하니? 외국친구들과 사귀고 싶어서.

"How do you study English?" "I take a conversation class."
너는 어떻게 영어공부 하니? 회화수업을 들어.

"When do you study English?" "I study English every morning."
너는 언제 영어공부 하니? 매일 아침 영어공부 해.

영어로 말해보기

1 너는 좋아하는 색깔이 뭐니?   **What's your favorite color?**
2 David은 어디에서 운동하니?   **Where does David exercise?**
3 누가 그 아이스크림을 먹고 싶어하니? **Who wants to eat the ice-cream?**
4 너는 왜 영어공부 하니?   **Why do you study English?**
5 내가 거기에 어떻게 가죠?(get)   **How can I get there?**

의문사로 시작하는 의문문 2

A **What** is your favorite holiday?
B **Thanksgiving.**
A **Why** do you like Thanksgiving best?
B **Because I can eat a delicious turkey dinner.**

A 가장 좋아하는 휴일을 뭐야?　　 B 추수감사절.
A 왜 추수감사절을 제일 좋아해?　 B 맛있는 칠면조 저녁을 먹을 수 있기 때문에.

POINT

1 　의문사는 문장 안에서의 기능에 따라 의문대명사, 의문부사, 의문형용사로 나눌
　수 있다.

2 　의문대명사 who, what, which는 주어 또는 목적어 역할을 한다.

　　Who **likes you?** (주어) 누가 너를 좋아해?

　　Who **do you like?** (목적어) 너는 누구를 좋아해?

　　What **bothers you?** (주어) 무엇이 너를 괴롭히니?

　　What **do you eat for dinner?** (목적어) 당신은 저녁으로 무엇을 먹나요?

　　What **do you do for a living?** (목적어) 직업이 뭐예요?

　　Which **is your bag?** (주어) 어느게 네 가방이니?

　　Which **do you want to buy?** (목적어) 너는 어느 것을 사고 싶어?

3 　의문부사 how, when, where, why 다음에 의문문 어순을 쓴다.

　　How **are things going?** 어떻게 지내세요?

How are you doing? 너는 어떻게 지내니?

How do you like Korean food? 당신은 한국음식이 어때요?

When is your birthday? 당신 생일이 언제죠?

When do they get off work? 그들은 언제 퇴근해요?

Where is the bus stop? 버스정류장이 어디죠?

Where does the bus stop? 그 버스 어디에 서요?

Why are you so tired? 왜 그렇게 피곤한거야?

Why do you get up so early? 왜 그렇게 일찍 일어나?

4 의문형용사 what, which 다음에 항상 명사를 쓴다.

What bus do you take to get home? 집에 가려면 무슨 버스 타니?

What day is it today? 오늘이 무슨 요일이야?

Which bag is more expensive? 어느 가방이 더 비싸?

영어로 말해보기

1 누가 그 아이스크림 먹을래?　　**Who wants to eat the ice cream?**
2 그녀는 누구를 초대하고 싶어해요?　**Who does she want to invite?**
3 무엇이 그를 피곤하게 만드니?　　**What makes him tired?**
4 너는 어느 것을 사고 싶니?　　　**Which do you want to buy?**
5 그들은 언제 퇴근해요?(get off)　**When do they get off work?**

💬 Grammar in DIALOG

　A　**Look at the girl. Isn't she pretty?**
　B　**Yes, she is. She is my type.**
　A　**I think she goes to the same school with you,**
　　　doesn't she?
　B　**I guess so.**

A 저 여자애 좀 봐봐. 예쁘지 않아?　　　　　　B 어, 그러네. 내 타입이야.
A 쟤 너랑 같은 학교 다니는 것 같은데, 그렇지 않아? B 그런 것 같아.

1　부정의문문이란 부정어가 들어간 의문문을 말하며 '~하지 않나요?'로 해석한다.
　　대답하는 문장이 긍정문이면 yes, 부정문이면 no를 쓴다.

　　Don't you like music? 너는 음악을 좋아하지 않니?

　　Yes, I do. 아니, 좋아해./ **No, I don't.** 응, 좋아하지 않아.

　　● 확인/의심/불평

　　Aren't you ashamed of yourself? 너는 창피하지도 않니?

　　Can't you stay a little longer? 조금 더 머무를 수 없니?

　　Didn't you go and see Ann yesterday? 어제 Ann 보러가지 않았니?

　　● 정중한 권유

　　Won't you come in? 들어오지 않을래요?

　　Wouldn't you like something to eat? 뭐 드시지 않을래요?

2　부정의문문에서는 동사와 부정어를 축약된 형태로 문장 맨 앞에 쓴다.

　　Aren't you bored? 너는 지루하지 않니?

Can't you stay a little longer? 너는 조금만 더 있다 가면 안돼?

Doesn't your father smoke? 아버지가 담배피시지 않니?

3 부가의문문이란 평서문으로 말하다가 상대방의 동의를 얻기 위해 뒤에 질문을 덧붙이는 형태를 말한다. 이때 덧붙여주는 문장은 앞의 문장이 긍정이면 부정, 부정이면 긍정으로 쓴다.

● 덧붙여지는 문장은 be동사나 조동사일 경우 그대로 사용한다.

You are sick, aren't you? 너 아프지, 그렇지 않니?

Mary isn't at home, is she? Mary는 집에 없지, 그렇지?

You can come to my birthday party, can't you?
너는 내 생일파티에 올 수 있지, 그렇지 않니?

He can't make spaghetti, can he? 그는 스파게티 못 만들지, 그렇지?

This is your muffler, isn't it? 이것은 네 목도리지, 그렇지 않니?

These dishes aren't clean, are they?
이 그릇들은 깨끗하지 않아, 그렇지?

(more tips!)
앞문장의 this/ that 또는 these/those는 덧붙이는 문장에서 각각 it, they로 쓴다.

● 일반동사일 경우 do 조동사를 인칭과 시제에 맞게 사용한다.

You usually skip breakfast, don't you?

너는 보통 아침 안 먹지, 그렇지 않니?

Anna doesn't like math, does she?

Anna는 수학을 좋아하지 않지. 그렇지?

They have an important meeting tomorrow, don't they?

그들은 내일 중요한 회의 있지, 그렇지 않니?

/ 영어로 말해보기 /

1 Sam과 너는 New York 출신이 아니니? **Aren't Sam and you from New York?**
2 너 조금 더 있다 가면 안되니? **Can't you stay a little longer?**
3 그들은 음악을 좋아하지 않니? **Don't they like music?**
4 날씨가 좋다, 그렇지 않니? **The weather is nice, isn't it?**
5 너 내 생일파티에 올 수 있지, 그렇지 않니? **You can come to my birthday party, can't you?**

Unit 9 감탄문

💬 Grammar in DIALOG

A **What a great bike!**
B **My uncle bought it for me.**
A **Let's go for a bike ride tomorrow.**
B **How nice!**

A 아주 멋진 자전거인데!   B 삼촌이 내게 사줬어.
A 내일 자전거 타자.   B 아주 좋지!

 POINT

1 놀라움이나 감정을 강조하고 싶을 때 감탄문을 쓴다.

How **exciting (it is)!** 얼마나 흥미진진한지!
What **pretty flowers (they are)!** 꽃이 얼마나 아름다운지!

2 How로 시작하는 감탄문은 다음에 형용사나 부사를 쓴다.

● 「How +형용사 +주어 + 동사!」

How **beautiful you are!** 당신이 얼마나 아름다운지!
How **exciting the game it!** 그 게임이 얼마나 흥미진진한지!

● 「How +부사 +주어 + 동사!」

How **fast she ran!** 그녀가 얼마나 빨리 뛰던지!
How **wonderfully they sang!** 그들이 얼마나 멋지게 노래하던지!

3 What으로 시작하는 감탄문은 다음에 명사를 쓴다.

● 「What +(a/an) + 형용사 + 명사 + 주어 + 동사!」

What **a great car you have!** 정말 멋진 차를 가지고 있구나!

What **great students you are!** 너희들이 얼마나 멋진 학생들인지!

「What +(a/an) + 명사 + 주어 + 동사!」
-형용사 없이 억양이나 표정으로 느낌을 대신할 수 있다.

What **a day it is!** 대단한(힘든/재수없는/멋진...) 날이군!

What **a woman she is!** 대단한(이상한/멋진...) 여자야!

---

more tips!

What으로 시작하는 감탄문에서 형용사 없이 사용했을 경우(ex. What a day!) 억양이나 표정으로 느낌을 대신할 수 있다. 감탄문에서 주어+동사는 상황에 따라 생략가능하다.

---

4 감탄문에서 주어, 동사는 특별한 뜻이 없을 때 생략하는 경우가 많다.

How **beautiful!** 얼마나 아름다운지!

How **fast!** 얼마나 빠른지!

What **a great car!** 정말 멋진 차군!

What **a day!** 대단한/힘든 날이야!

영어로 말해보기

1 그 영화가 얼마나 지루한지! **How boring the movie is!**
2 너희들이 얼마나 멋진 학생들인지! **What great students you are!**
3 그 차들이 얼마나 비싼지! **What expensive cars they are!**
4 세상 참 좁군! **What a small world it is!**
5 대단한 날이군! **What a day it is!**

Chapter 03   동사

💬 Grammar in DIALOG

A **What's your name?**
B **My name is Jack.**
A **Are you from the United States?**
B **No, I am not. I'm from Canada.**
A **Are you married?**
B **Yes, I am. My wife is an English teacher.**

A 이름이 뭐예요?   B 잭이라고 해요.
A 미국출신인가요?   B 아뇨, 그렇지 않아요. 캐나다에서 왔어요.
A 결혼은 하셨어요?   B 예. 그래요. 아내는 영어선생님이예요.

 POINT

● Be동사의 축약형

	긍정		부정	
단수	I am you are he is she is it is	I'm you're he's she's it's	I am not you are not he is not she is not it is not	I'm not you're not 또는 you aren't he's not 또는 he isn't she's not 또는 she isn't it's not 또는 it isn't
복수	we are you are they are	we're you're they're	we are not you are not they are not	we're not 또는 we aren't you're not 또는 you aren't they're not 또는 they aren't

1 be동사는 '~이다'의 뜻으로 주어의 인칭과 수에 따라 am, are, is를 쓴다.

I'm a student.	나는 학생이다.
It's eight thirty. You're late again.	8시 반이야. 너 또 늦었다.
You are so lazy.	너는 정말 게으르다.
He's inside.	그는 안에 있다.

2 be동사의 부정은 뒤에 not을 붙인다.

I'm not hungry.	나는 배고프지 않다.
She's not sad.	그녀는 슬프지 않다.
He's not married.	그는 아직 미혼이야.

3 be동사 다음에는 주로 명사나 형용사(분사) 또는 장소를 나타내는 부사 등이 온다.

My father is a professor.(명사)	우리 아버지는 교수다.
Tomorrow is Tom's birthday.	내일은 Tom의 생일이다.
I'm happy.(형용사)	나는 행복하다.
She's tired.(분사)	그녀는 피곤하다.
John is downstairs.(장소부사)	John은 아래층에 있다.
Bob is in his office.(장소부사구)	Bob은 자기 사무실에 있다.

> **more tips!**
>
> 장소를 나타내는 부사는 here(여기에), there(저기에), home(집에), upstairs(위층에), downstairs(아래층에), inside(안에), outside(밖에) 등이 있다.

영어로 말해보기

1 Sally는 개를 두려워한다.	**Sally is afraid of dogs.**
2 8시 반이야. 너 또 늦었다.	**It's eight thirty. You're late again.**
3 오늘은 날씨가 좋지 않다.	**The weather isn't nice today.**
4 Tom과 나는 친한 친구다.	**Tom and I are close friends.**
5 Tom과 Jerry는 밖에 있어.	**Tom and Jerry are outside.**

Grammar in DIALOG

A **Does she like coffee?**
B **No, she doesn't drink coffee.**
A **What does she want to drink?**
B **She wants to drink some tea.**

A 저 여자 커피 좋아해?   B 아니, 쟤는 커피 안마셔.
A 쟤는 뭐를 마시고 싶어해?   B 차를 마시고 싶어해.

POINT

1 일반동사는 주어의 인칭, 수 그리고 문장의 시제에 따라 형태가 변한다.

Everybody likes **music.** (주어가 3인칭 단수일 때 -(e)s를 붙인다.)
every- : 단수취급
모두가 음악을 좋아한다.

I had **dinner with my family.**
(동사의 과거형은 -(e)d를 붙이거나 불규칙하게 변한다.)
나는 가족과 함께 저녁을 먹었다.

2 일반동사의 부정은 주어가 I/you/we/they일 경우 동사원형 앞에 do
not(don't)를 he/she/it일 경우 does not(doesn't)을 쓴다.

We don't **watch television very often.**
우리는 텔레비전을 그렇게 자주 보지는 않는다.

Sarah drinks sprite, but she doesn't **drink coke.**
Sarah는 사이다는 마시지만 콜라는 마시지 않는다.

3 주어의 행동을 나타내는 동작 동사가 있다.

==> go, come, eat, drink, walk, run, write 등

I always eat **breakfast.** 나는 항상 아침을 먹는다.

Cindy walks **her dog every day.** Cindy는 매일 개를 산책시킨다.

My father drinks **too much coffee.** 아버지는 커피를 너무 많이 드신다.

4 주어의 상태를 나타내는 상태동사가 있다. 일반적으로 진행형을 쓰지 않는다.

==> like, prefer(더 좋아하다), need, want, hate, know, seem, believe, fit(치수 등이 맞다), understand, belong(~에 속하다) 등

I know **his phone number.** 나는 그의 전화번호를 알고 있다.

Mary likes **movies.** Mary는 영화를 좋아한다.

5 동사의 형태가 변형되어 명사, 형용사, 부사의 역할을 하기도 한다.

● 명사역할

I like to play **soccer.** (play) 나는 축구하는 것을 좋아한다.

Playing **soccer is fun.** (play) 축구하는 것은 재미있다.

● 형용사역할

I'm bored. (bore) 나는 지루해요.

The movie is so boring. (bore) 그 영화는 지겨워요.

● 부사역할

I came here to see **Mr. Smith.** (see) 저는 Smith씨를 만나러 왔는데요.

It's nice to see **you here.** (see) 여기서 당신을 봐서 반가워요.

영어로 말해보기

1 우리는 매일 조깅간다.
We go jogging every day.

2 Cindy는 개를 매일 산책시켜요.
Cindy walks her dog every day.

3 우리는 텔레비전을 그렇게 자주 보지는 않는다.
We don't watch television very often.

4 그들은 많은 돈을 가지고 있지 않다.
They don't have much money.

5 우리 부모님은 낮잠을 주무시지 않는다.(sleep in) **My parents don't sleep in.**

💬 Grammar in DIALOG

A **Are you** going **home? Do you want me to give you a ride?**

B **Thanks, but I don't want to *put you out.**

A **It's okay. I'**m going **past your place anyway.**

B **I really** appreciate **it.**

*put someone out ~에게 부담을 주다

A 집에 가는거야? 내가 차태워줄까?　　　B 고맙지만 네게 부담주고 싶지 않아.
A 난 괜찮아. 어쨌든 너희 집 지나가거든.　B 정말 고마워.

🖊 POINT

1 동작동사

대부분의 동작동사(go, come, eat, drink, cut, read, dance, study, write 등)는 사람의 행동을 주로 나타내며 단순시제와 진행시제 모두 쓸 수 있다. 동작동사가 현재시제로 쓰였을 경우 주로 습관이나 사실을 말한다.

<비교>

I go **to church.** 나는 교회에 다닌다.
I'm going **to church.** 나는 교회에 (지금) 가고 있다.

David drinks **too much.** David은 술을 너무 많이 마신다.

David is drinking **too much.** David은 (지금) 술을 너무 많이 마시고 있다.

2 상태동사

상태동사는 사물의 상태나 구성, 사람의 지각, 마음의 움직임, 감정, 관계의 상태를 나타내는 동사를 말한다. 보통 진행형을 쓰지 않는다.

1. 정신적인 활동과 관련된 동사: know, remember, realize, recognize, understand, believe, notice, suppose 등

40

I believe **in God.** (I'm believing in God.→X) 나는 신을 믿는다.

Do you know **his phone number?**

(Are you knowing his phone number?→X) 그의 전화번호를 아니?

2. 감정의 상태를 나타내는 동사: like, prefer, hate, want, desire, appreciate 등

Which one do you prefer**?**

(Which one are you preferring?→X) 어느 것이 더 좋니?

3. 지각/ 감각동사: look, taste, smell, sound, feel, see 등

You look **just like your mother.**

(You're looking just like your mother.→X) 너는 네 엄마와 꼭 닮았구나.

4. 그 밖의 상태 동사: belong, cost, fit, mean, own 등

This watch costs **at least $1000.**

(This watch is costing at least $1000.→X) 이 시계는 적어도 1000달러는 나간다.

(more tips!) 상태동사 중 다음 동사들은 의미가 달라지면(동작의 의미가 강해지는 경우) 진행형을 쓸 수 있음을 주의한다.

look	~해 보이다	진행형 불가능	You **look** nice. 너 보기 좋다.
	쳐다보다	진행형 가능	I'm **looking** at myself in the mirror. 나는 거울에 나를 비춰보고 있다.
taste	~맛이 나다	진행형 불가능	It **tastes** good. 그것은 맛이 좋다.
	맛을 보다	진행형 가능	Jane **is tasting** the soup. Jane은 수프를 맛보고 있다.
smell	~냄새가 나다	진행형 불가능	Something **smells** terrible. 뭔가 냄새가 지독하다.
	냄새를 맡다	진행형 가능	She's **smelling** the flowers. 그녀는 꽃들 냄새를 맡고 있다.
have	~을 가지고 있다	진행형 불가능	I **have** a boyfriend. 나는 남자친구가 있다.
	~을 먹다/ 마시다	진행형 가능	They**'re having** dinner. 그들은 저녁식사를 하고 있다.
	(파티 등)을 열다	진행형 가능	We**'re having** a party. 우리는 파티를 열고 있다.

영어로 말해보기

1 나는 점심 후에 휴식을 취한다. **I take a break after lunch.**
2 그는 그의 친구들과 점심을 먹는다. **He eats(=has) lunch with his friends.**
3 그는 방과 후 축구를 하고 있다. **He's playing soccer after school.**
4 너는 그의 전화번호를 아니? **Do you know his phone number?**
5 뭔가 냄새가 지독하다.(terrible) **Something smells terrible.**

💬 Grammar in DIALOG

A **Do you mind if I date John, Dad?**
B **Go right ahead. He seems like a fine young man.**
A **John and I are going to a party this evening. We might come home a little late.**
B **Ok, I'll *let it slide this time but you should be back before 10:00.**

*let it slide 봐주다, 눈감아주다

A 아빠, 내가 존하고 데이트해도 괜찮아요? B 그렇게 해. 걘 좋은 젊은이 같더라.
A 존과 나는 오늘 저녁 파티에 가요. 좀 늦을지도 몰라요.
B 그래, 이번만은 눈감아주지만 10시까지는 돌아와라.

POINT

1 사역동사

'~에게 … 하게 하다'라는 뜻으로 주로 5형식 형태「주어+동사+목적어+목적격보어」로 쓴다. 동사에 따라 약간씩 의미의 차이가 있다.

He made/had/let me go. 그는 나를 가게 만들었다/했다/허락했다.

He got me to go. 그는 나를 가게 했다.

2 make

'~에게 …을 하도록 만들다'라는 뜻으로 「make+목적어+동사원형」 형태로 쓴다.

You always make me feel happy. 너는 항상 나를 행복하게 만든다.

My parents are trying to make me get married.
부모님은 내가 결혼하도록 하신다.

3 have/ get

'~에게 …을 하게 하다'라는 뜻으로 각각 「have+목적어+동사원형」, 「get+목적어+to 부정사」 형태로 쓴다.

I had Tom clean the house. 나는 Tom이 집을 치우게 했다.

I'll have her call you back as soon as she gets in.
걔가 들어오는 대로 네게 전화하라고 할게.

I couldn't get Janet to change her mind.
나는 Jane이 마음을 바꾸도록 할 수 없었다.

I'll get him to apologize to you. 걔가 너에게 사과하도록 할게.

4 let

'~에게 …을 하게 허락하다'라는 뜻으로 「let+목적어+동사원형」 형태로 쓴다.

Let me introduce myself. 제 소개 할게요.

That suitcase looks so heavy. Let me help you.
그 가방 무척 무거워 보여. 내가 도와줄게.

Let me talk to my boss. 사장님께 얘기해 보죠.

You have to work hard. Don't let me down.
열심히 일해야 돼. 날 실망시키지마.

(**more tips!**)

목적어와 목적보어의 관계가 수동일 경우 목적보어는 과거분사를 쓴다.

I got(=had) my picture taken.
나는 사진을 찍었다(찍게 했다). (my picture:목적어, taken:목적보어)

I must have my watch repaired.
나는 내 시계를 고쳐야(고치게 해야) 한다. (my watch:목적어, repaired:목적보어)

(**영어로 말해보기**)

1 너는 항상 나를 행복하게 만든다.(feel happy) **You always make me feel happy.**
2 내가 너를 피곤하게 만들었니?(feel tired) **Did I make you feel tired?**
3 나는 내 여동생에게 내 숙제를 하도록 시켰다. **I had my sister do my homework.**
4 나는 그를 설거지 하게 했다.(wash) **I got him to wash the dishes.**
5 나는 내 머리를 잘랐다.(have) **I had my hair cut.**

💬 Grammar in DIALOG

A I don't feel well today. I might have to take off early.

B You looked just fine an hour ago. What happened?

A I think I'm coming down with a cold or something. My throat is getting sore and my nose is starting to run.

A 오늘 기분이 좋지 않아. 나 일찍 가야 될지 몰라.
B 한시간 전에는 멀쩡해보였는데 무슨 일이야?
A 감기 같은게 걸린 것 같아. 목이 따끔거리고 콧물이 흐르기 시작해.

 POINT

1 감각동사 look, feel, taste, smell, sound

감각동사는 사람의 오감으로 느껴지는 것을 표현할 때 사용하는 동사이다. 동사 다음에는 주로 '형용사'나 'like+명사'가 온다. smell, taste는 다음에 'of+명사'를 쓰기도 한다.

look '~해 보이다'	"How do I look?" "You look great." 나 어때 보여? 좋아 보여. You look like Elon Musk. 너는 일론 머스크와 닮았어.
feel '~한 느낌이 들다'	I always felt inferior when I was with her. 나는 그녀와 함께 있을 때 항상 열등감을 느꼈다. "How do you feel?" "I feel fine." 너는 기분이 어때? 좋아.
taste '~한 맛이 나다'	"How does it taste?" "It tastes terrific." 맛이 어때? 훌륭해. This soup tastes mostly like(=of) garlic. 이 수프 마늘 맛이 많이 나.
smell '~한 냄새가 나다'	This soup smells funny. What's in it? 그 수프 냄새가 이상해. 뭐 넣은거야?
sound '(내용이/소리가) ~하게 들리다'	You sound unhappy. What's the matter? 목소리가 안 좋네. 무슨 일이야? You sound like my mother. 너 우리 엄마같이 말하는구나.

2 지각동사 see, watch, hear, feel 등

지각동사는 보고, 듣고, 느끼는 동사를 말하며 그 대상인 목적어, 그리고 그 목적어(대상)의 움직임을 표현하는 목적보어가 따라온다.

1. 목적어와 목적보어의 관계가 능동일 경우 「주어+동사+목적어+목적보어(동사/동사-ing)」

I saw **you walk/walking down the street.**
나는 네가 길을 걷는 것을 봤어.

Did you see **me dance/dancing?** 내가 춤추는 것을 봤니?

I like watching **you eat/eating.** 나는 네가 먹는 것을 지켜보는게 좋아.

I heard **you yell/yelling at her.** 나는 네가 그녀에게 소리치는 것을 들었어.

Did you hear **them fight/fighting?** 너는 그들이 싸우는 것을 들었니?

I felt **someone move/moving in the kitchen.**
나는 누군가 부엌에서 움직이는 것을 느꼈다.

I suddenly felt **an insect crawl/crawling up my leg.**
나는 갑자기 벌레가 내 다리를 기어 올라오는 것을 느꼈다.

(**more tips!**) 목적보어 자리에 동사원형 대신 동사-ing를 쓰는 경우는 동작의 진행을 강조할 때이다.

3 목적어와 목적보어의 관계가 수동일 경우 「주어+동사+목적어+목적보어(과거분사)」.

I saw **the house painted.** 나는 그 집이 페인트칠 되어 있는 것을 봤다.

She felt **her face touched.**
그녀는 얼굴이 누군가에 의해 만져지는 것을 느꼈다.

영어로 말해보기

1 너 네 엄마와 꼭 닮았다.(just like)   **You look just like your mother.**
2 그것 맛이 좋아?(good)   **Does it taste good?**
3 네 생각이 좋은 것 같아.(great)   **Your idea sounds great.**
4 너는 내가 춤추는 것을 봤니?   **Did you see me dance[dancing]?**
5 나는 갑자기 벌레가 내 다리를 기어   **I suddenly felt an insect crawl/**
   올라오는 것을 느꼈다.(crawl)   **crawling up my leg.**

A **A man kept calling and hung up on me all night.**

B **Oh, my. Didn't you get his number from the caller ID on your phone?**

A **It showed 'caller ID unavailable.' I'm going *insane.**

B **Why don't you report it to the police?**

*insane 정신이 나간, 미친

A 한 남자가 밤새 전화를 계속 걸었다 끊었다 했어.

B 저런. 폰에 상대방 번호가 찍히지 않았어?

A '발신자제한번호'라고 떴어. 내가 미치겠어.   B 경찰에 신고해.

POINT

1 become「become+형용사/명사」

become은 상태의 변화를 나타내거나 시간이 흐른 후 어떻게 되었는지 말하고 싶을 때 쓴다.

It was becoming dark. 어두워지고 있었다.

What do I have to do to become a pilot?
파일럿이 되려면 어떻게 해야 하지?

2 go「go+형용사」

go는 색의 변화 또는 질적으로는 나쁜 쪽으로 변화할 경우 쓴다.

My mother went white with anger.
엄마는 화가 나서 얼굴이 하얘지셨다.

Everything went black and I passed out.
모든 것이 깜깜해지고 나는 기절했다.

* 그 외 표현: go mad/ go crazy/ go insane/ go deaf/ go blind/ go grey/ go bald(대머리 되다)/ go global(국제화되다)/ go flat(펑크 나다) 등.

3 **come** 「come+형용사」

come이 '~되다'의 뜻으로 쓰일 경우 대표적인 표현으로 come true, come right이 있다.

Your dream will come **true.** 네 꿈은 이루어질거야.

You've got to trust me. Everything will come **right in the end.** 너는 나를 믿어야해. 모든게 결국은 잘 될거야.

4 **grow** 「grow+형용사」

grow는 서서히 시간을 두고 변해가는 느낌을 말할 때 쓴다.

The weather grew **colder.** 날씨가 추워졌다.

It's growing **dark.** 점점 어두워지고 있다.

5 **turn** 「turn+형용사」 「turn into+명사」

turn은 눈에 띄는 확실한 변화를 말할 때 주로 쓴다.

The leaves are turning **red.** 잎들이 붉게 물들고 있다.

Tadpoles turn into **frogs.** 올챙이는 개구리가 된다.

6 **stay, keep, remain** 「stay, keep, remain+형용사」 「keep+동사~ing」

stay, keep, remain은 '~ 상태를 유지하다'라는 뜻으로 쓴다.

Stay **awake.** 계속 깨어있어.

Debbie stayed **single.** Debbie는 독신으로 있었다.

They remained **silent.** 그들은 (계속) 조용히 있었다.

Mary kept **quiet.** Mary는 (계속) 조용히 있었다.

I keep forgetting **it's December.** 나는 12월이라는 것을 계속 잊어버린다.

7 **get** 「get+형용사」 「get to+동사원형」

get은 '~하게 되다'라는 뜻으로 상태의 변화를 말할 때 구어체(informal)에서 가장 많이 쓰는 동사이다.

It was getting **cold.** 추워지고 있었다.

You get **prettier every day.** 너는 매일 더 예뻐지는구나.

Jack and Mary got **married in 2015 and** got **divorced**

three years later. Jack과 Mary는 2015년에 결혼하고 3년 후에 이혼했다.

David is nice when you get **to know him.**

David은 알게 되면 좋은 사람이다.

영어로 말해보기

1 파일럿이 되려면 내가 어떻게 해야 하지? **What do I have to do to become a pilot?**

2 네 꿈은 이루어질거야. **Your dream will come true.**

3 잎들이 붉게 물들고 있다. **The leaves are turning red.**

4 Jack과 Mary는 2024년에 결혼했다. **Jack and Mary got married in 2024.**

5 그들은 (계속) 조용히 있었다. **They remained silent.**

[1] 동사 get의 다양한 쓰임

동사 get은 일상생활에서 가장 많이 쓰는 동사 중에 하나로 문장에서 변화동사 외에 여러 가지 역할을 한다.

1. 「get+명사/대명사」 '~을 받다/ 얻다/ 이해하다' 등의 뜻이다.
   I **got** a present from my friend. 나는 친구에게 선물을 받았다.
   I **got** the picture. 감 잡았다.

2. 「get+형용사」 '~되다'의 뜻으로 상태의 변화를 나타낸다.
   As you **get** older, your memory **gets** worse. 나이가 들수록 기억력은 나빠진다.

3. 「get+과거분사」 우리에게 스스로 어떤 행위를 하게 되는 경우 쓴다.
   <예> get dressed/ get lost/ get engaged/ get married/ get divorced 등
   I **got** married two months ago. 나는 두 달 전에 결혼했다.

4. 「get+과거분사」 수동의 의미로 쓴다.
   <예> get broken/ get arrested/ get invited/ get paid 등
   I **get** paid on 25th. 나는 25일에 월급을 받는다.

[2] 진행형이 되는 상태동사 *반복학습으로 완전히 외워두도록 한다.

look	~해 보이다	진행형 불가능	You **look** nice. 너 보기 좋다.
	쳐다보다	진행형 가능	I**'m looking** at myself in the mirror. 나는 거울에 나를 비춰보고 있다.
taste	~맛이 나다	진행형 불가능	It **tastes** good. 그것은 맛이 좋다.
	맛을 보다	진행형 가능	Jane **is tasting** the soup. Jane은 수프를 맛보고 있다.
smell	~냄새가 나다	진행형 불가능	Something **smells** terrible. 뭔가 냄새가 지독하다.
	냄새를 맡다	진행형 가능	She**'s smelling** the flowers. 그녀는 꽃 냄새를 맡고 있다.
have	~을 가지고 있다	진행형 불가능	I **have** a boyfriend. 나는 남자친구가 있다.
	~을 먹다/ 마시다	진행형 가능	They**'re having** dinner. 그들은 저녁식사를 하고 있다.
	(파티 등)을 열다	진행형 가능	We**'re having** a party. 우리는 파티를 열고 있다.

조동사 can/could

💬 Grammar in DIALOG

A **What can I do for you?**
B **Could you change a ten-dollar bill?**
A **Certainly, ma'am. Here you are.**

A 뭘도와드릴까요?　　　　　　　　B 10달러 지폐를 잔돈으로 바꿔줄래요?
A 물론이죠, 부인. 여기 있습니다.

 POINT

1　조동사는 본동사를 도와 보조역할을 한다. 조동사 뒤에는 항상 동사원형을 쓴
　　다. 부정문은 조동사 뒤에 not을 붙이고 의문문은 「조동사+주어+동사원형?」
　　어순으로 쓴다.

2　can은 '~할 수 있다'라는 능력을 나타낸다.

　　I can ski. 나는 스키 탈줄 안다.

　　He can speak French very well. 그는 불어를 매우 잘한다.

　　I can't make spaghetti. 나는 스파게티 만들 줄 모른다.

　　Can you play the piano? 피아노 칠 줄 알아?

　　more tips!　can 대신 be able to를 쓰기도 한다. 이때 be able to는 좀 더 딱
　　딱한 느낌의 표현이다.

　　Jane is able to speak a few foreign languages.
　　Jane은 몇몇 외국어를 구사할 수 있다.

　　I wasn't able to call you last night.
　　나는 지난밤에 너에게 전화할 수 없었다.

3　can은 '~해도 좋다'라는 허락을 나타낸다.

You can **park here.** 당신은 여기에 주차해도 좋아요.

You can't **swim here.** 여기서 수영하시면 안돼요.

Can **I ask your name?** 이름 물어봐도 될까요?

4 can은 부정문이나 의문문에서 '~일리 없다,' '과연~일까?'라는 강한 의심을 나타 내기도 한다. cannot 또는 축약형 can't를 쓴다.

It can't **be possible.** 그것이 가능할 리 없어.

Can **she be married?** 그녀가 과연 결혼했을까?

5 could는 can의 과거형으로 '~할 수 있었다'라는 뜻으로 쓴다.

I had some money, so I could **buy a toy for my baby.**

나는 돈이 좀 있어서 아기를 위해 장난감을 살 수 있었다.

I had a birthday party, but Shiela couldn't **come.**

생일파티가 있었는데 Shiela는 올 수 없었다.

6 could는 '~일 수도 있다'라는 현재 의미로 약한 추측을 나타낸다.

It could **be Cathy's.** 그것은 Cathy의 것일 수도 있다.

Catherine could **be at work.** Catherine이 일하고 있을 수도 있다.

7 could는 누군가에게 부탁의 말을 할 때 can보다 공손하게 사용할 수 있다.

Could **I have your e-mail address?** 이메일 주소가 어떻게 되시나요?

Could **you give me a ride home?** 집에까지 태워다 주시겠어요?

Could **you change a ten-dollar bill?** 10달러 지폐 바꿔 줄 수 있어요?

╭─ **영어로 말해보기** ─╮

1 너는 풀장에서 수영해도 돼.   **You can swim in the pool.**
2 그것은 사실일 리 없어.   **It can't be true.**
3 Ted는 회의에 참석할 수 없었어.   **Ted couldn't attend the meeting.**
4 나는 그 파티에 갈 수도 있을거야.   **I could go to the party.**
5 집에까지 태워다 주시겠어요?   **Could you give me a ride home?**

🗨 Grammar in DIALOG

A **May** I ask you a question?
B Sure.
A I'm supposed to meet Dr. White here. How can I meet him?
B He **might** be in the meeting room now.

A 하나 물어봐도 될까요?　　B 그럼요.
A 화이트 박사를 여기서 만나기로 했는데요. 어떻게 만날 수 있을까요?
B 지금은 회의실에 있으실거예요.

1 may는 '~해도 좋다'라는 허락을 나타낸다.

   You **may** use my pen. 내 펜을 사용해도 돼.

   You **may** not go in. They have an important meeting.
   들어가면 안돼요. 중요한 회의가 있어요.

   May I take your order? 제가 주문을 받아도 될까요?

   May I help you with those bags? 그 가방 도와 드릴까요?

   (more tips!) 상대방의 허락을 구할 경우 다른 표현으로 'Do you mind if I~?'
   'Would you mind if I~?' 등을 쓸 수 있다. 이때 긍정의 답을 할 경우 거절의 답임을
   유의한다.
   "Do you mind if I smoke here?" "Yes, I do." 제가 여기서 담배 피는 것을 꺼리시
   나요? 네, 꺼립니다.

2 may는 '~일지도 모른다'는 추측의 의미로 쓴다.

   You **may** be tired. 너는 아마 피곤할거다.

Your coat may **not be in the closet. It may be on the bed.**
네 코트가 아마 옷장 안에 없을거야. 아마 침대 위에 있을거야.

Take an umbrella. It may **rain.** 우산 가져가. 비가 올지도 몰라.

Your parents may **understand what you did.**
네가 한 행동에 대해 네 부모님은 아마 이해하실거야.

> (**more tips!**) might와 may는 약한 추측의 뜻으로 쓸 경우 의문문에서 잘 쓰지
> 않는다. 대신 「be+주어+likely to~?」 또는 「Do you think+주어+may/might ~?」
> 를 쓰는 편이 자연스럽다.
>
> <예> 이번 겨울에 파리에 갈 것 같니?
> May/Might **you go to Paris this winter?** →X
> Are **you** likely to **go to Paris this winter?** →O
> Do you think **you** may/might **go to Paris this winter?** →O

3 might는 may와 비슷한 뜻으로 쓰거나 시제를 일치시킬 때 쓴다.

Mr. Bang is in his office over there. You might **go in now.**
(허락) Bang씨는 저쪽 사무실에 계세요. 지금 들어가셔도 돼요.

I might **go to New York.** 나는 아마 뉴욕으로 갈거야. (추측)

Tom said that his brother might **be at school.**
Tom은 그의 동생이 아마 학교에 있을거라고 말했다. (시제일치)

┌ **영어로 말해보기** ┐

1 제가 질문 하나 해도 될까요?   **May I ask a question?**
2 네 코트가 아마 옷장 안에 있을거야.   **Your coat may be in the closet.**
3 Jack이 아마 여기에 올거야.   **Jack may come here.**
4 그들은 아마 여기에 일주일동안 머무를거야.   **They may stay here for a week.**
5 그들은 아마 내일 여기에 도착할거야.(get)   **They might get here tomorrow.**

Grammar in DIALOG

A **This cart won't work. Would you give me a hand?**

B **Certainly, ma'am. I'll carry it for you.**

A 이 카트가 말을 듣지 않네요. 좀 도와주시겠어요?
B 물론이죠, 부인. 제가 대신 날라드릴게요.

POINT

1   will은 미래의미 외에도 주어의 의지, 고집, 권유, 부탁, 추측 등의 의미로 쓴다.

   I **will eat spaghetti for lunch.** (미래) 나는 점심에 스파게티를 먹을거야.

   I **will go home now.** (의지) 나는 지금 집에 갈거야.

   He **won't listen to me.** (고집) 그는 내 말을 들으려고 안한다.

   Will you drink some coke? (권유) 콜라 좀 마실래요?

   Will you do me a favor? (부탁) 부탁 좀 들어줄래요?

   That will be Tom's cell phone. (추측) 그건 아마 Tom의 핸드폰일거야.

2   would는 will과 비슷한 뜻으로 쓰거나 시제를 일치시킬 때 또는 과거의 습관에 쓴다.

   Would you have dinner with me? (권유) 저와 저녁 드실래요?

   Would you spell that? (부탁) 스펠링 좀 말해주실래요?

   I **told you that I would be absent.**
   (시제일치) 제가 결석할거라고 말씀드렸는데요.

   I **would dream of someone like you.**
   (과거 일시적인 습관) 당신 같은 사람을 꿈꾸곤 했었어요.

과거 규칙적인 습관이나 지속적인 상태를 나타낼 때는 would 대신에 used to를 쓴다.

I used to exercise every day. 나는 매일 운동을 하곤 했었다.

The Han River used to be very clean. 한강은 매우 깨끗했었다.

3 would를 이용한 표현으로 would like (to) ~ '~ 하고싶다' 와 would rather~ '차라리 ~하다' 등이 있다.

"Would you like some tea?" "Yes, please." 차 좀 드실래요? 네.

"Would you like to go out to eat?" "No, I'd like to eat in."
나가서 먹고 싶어? 아니, 집에서 먹고 싶어.

I'd rather stay home because I don't feel like going out.
그냥 집에 있을래요 왜냐하면 나갈 기분이 아니라서요.

Would you rather take a taxi? It's too cold.
차라리 택시를 탈래? 너무 춥다.

영어로 말해보기

1 나는 점심에 스파게티를 먹을거야.
2 그는 내 말을 들으려고 안해.(listen to)
3 저와 저녁드실래요?
4 당신 산책가실래요?(go for a walk)
5 나는 그냥 집에 있을래요.(stay home)

I will eat spaghetti for lunch.
He won't listen to me.
Would you have dinner with me?
Would you like to go for a walk?
I'd rather stay home.

💬 Grammar in DIALOG

A **Shall** we finish this tomorrow?

B No, we **should** get this done today. **We'd better** hurry up.

A Let's take a coffee break for a while, **shall we?**

B No, we don't have much time. Let's just keep on working.

*get this done 이것을 끝마치다

A 이거 내일 끝내도 될까요?
B 안돼, 오늘 끝내야 돼. 우리 서둘러야 돼.
A 잠시 커피마시고 쉬죠, 그럴까요?
B 안돼, 시간이 많지 않아. 그냥 계속 일하자고.

✏️ POINT

1 shall은 미래의 의미보다 상대방 의향을 물을 때 주로 쓴다.

Shall I sit here? 여기 앉아도 될까요?

Shall we dance? 우리 춤출까요?

Shall we talk about it later? 우리 그것에 대해서 다음에 얘기할까요?

2 shall은 Let's~로 시작하는 문장의 부가의문문에 덧붙여 쓴다.

Let's go for a walk, shall we? 우리 산책가죠, 그럴까요?

Let's go hiking, shall we? 우리 하이킹가요, 그럴까요?

3 should는 '~해야 한다'는 충고나 조언의 의미로 쓴다.

You should see a doctor. 너는 병원에 가봐야 돼.

Should I dress up? 제가 정장을 입어야 하나요?

회화체에서 should는 상대방에게 충고할 경우 「I think+주어
+should~」 「I don't think+주어+should~」 형태의 구문으로 좀 더 부드럽게 표현할
수 있다.

I think you should drive more carefully.
운전을 좀 더 조심해서 해야겠어.

I don't think you should go and apologize to Katie.
네가 Katie에게 가서 사과를 해야 한다고 생각하지는 않아.

4 should는 '~일 것이다'는 근거가 있는 추측의 의미로도 쓴다.

Tim should be at his office at this time.
이 시간에 Tim은 그의 사무실에 있을거야.

The remote control should be next to the television.
리모콘은 텔레비전 옆에 있을거야.

5 had better는 '~하는 편이 낫다'라는 뜻으로 경고의 의미를 담고 있다.

Mr. Ward is a bit strange. You'd better stay away from him.
Ward씨 조금 이상해. 멀리 하는게 좋겠어.

You'd better not be absent. 너는 결석하지 않는게 좋아.

had better는 경고성이 강하므로 본인보다 지위가 높은 사람이나 낯선 사람에게 사
용하면 무례하게 들릴 수 있다. had better를 경고의 의미없이 부드럽게 표현하려면
「I think you should~」나 「It would be good to~」를 쓰는 편이 좋다.

I think you should go and see the police.
경찰을 만나보러 가는게 좋겠어.

It would be good to thank him. 그에게 고마워하는게 좋겠어.

영어로 말해보기

1 우리 그것에 대해서 다음에 얘기할까요? **Shall we talk about it later?**
2 우리 쉬죠, 그럴까요? **Let's take a break, shall we?**
3 우리 지금 떠나죠, 그럴까요? **Let's leave now, shall we?**
4 너는 TV를 너무 많이 보지 않아야 해. **You shouldn't watch TV too much.**
5 너 늦지 않는게 좋아. **You'd better not be late.**

💬 **Grammar in DIALOG**

A **I have to go on a diet. I must weigh over 60kg.**
B **No, you don't have to. I think you look just fine.**
A **Do you mean it?**
B **Of course.**

A 나 다이어트해야 돼. 60킬로가 넘는게 틀림없어.
B 아냐, 그럴 필요없어. 넌 그냥 딱 좋은 것 같은데.
A 정말이야?   B 물론이지.

 POINT

1 must는 '~를 꼭 해야 한다'라는 뜻으로 강한 의무를 나타낸다. 부정은 must not(mustn't)으로 의미는 '~를 하면 절대 안된다'이다.

You must fasten your seatbelt. 안전벨트를 매야 해요.

You must not drink and drive. 음주운전을 하면 안돼요.

Must we study English? 우리는 영어공부를 해야하나요?

2 must는 '~임에 틀림없다'라는 강한 추측의 뜻으로도 쓴다. 부정은 cannot be(can't be)로 '~일 리가 없다'이다.

It must be true. 그것은 사실임에 틀림없다.

Jack must be in his room. Jack은 자기 방에 있는게 틀림없다.

You must weigh over 50kg. 너는 50kg 넘게 나감에 틀림없다.

There must be a lot of people on Friday night.
금요일 밤에는 사람이 많이 있는게 틀림없다.

Gary can't be married. Gary가 결혼했을리가 없다.

3 have to는 '~ 해야 한다'라는 뜻으로 의무를 나타낸다. must와 have got to 가 과거형과 미래형이 없기 때문에 이를 대신하기도 한다. 부정은 don't have to~이고 뜻은 '~할 필요가 없다'임을 유의한다.

It's too late. I have to **go right now.**

너무 늦었어요. 지금 당장 가야해요.

Jin has a test tomorrow. She has to **study.**

Jin은 내일 시험이 있다. 그녀는 공부해야 한다.

Do you really have to **leave now?** 너는 지금 정말 가야 하니?

You don't have to **wait for me.** 너는 나를 기다릴 필요가 없어.

Heather had to **attend the meeting.**

Heather는 회의에 참석해야 했다.

You didn't have to **pay it for me.**

너는 나를 위해 그것을 계산할 필요가 없었어.

Susie will have to **go and see Mrs. Wilson.**

Susie는 Wilson 부인을 만나러 가야할거야.

4 have got to는 '~해야 한다' 또는 '~임에 틀림없다'의 뜻으로 편안한 회화체에 서 주로 사용한다.

I've got to go. 나는 가야해.

Have you got to go? 너는 가야해?

You've got to be joking. 너는 농담하고 있음에 틀림없다.

1 당신은 안전벨트를 매야 해요.(seatbelt)   **You must fasten your seatbelt.**
2 그것이 사실일리가 없어.(be true)   **It can't be true.**
3 우리는 회의에 참석해야 했어.(과거)   **We had to attend the meeting.**
4 너는 숙제를 해야 해.   **You've got to do your homework.**
5 너는 농담하고 있음에 틀림없어.(joke)   **You've got to be joking.**

Unit 21 | 과거습관/필요조동사 used to, would, need

💬 Grammar in DIALOG

A **I used to drive to work but now I take the bus.**
B **Good for you. It's better for your health.**

A 예전에는 차로 출근했지만 지금은 버스를 타. B 잘됐네. 네 건강에 더 좋잖아.

 POINT

1 used to

used to는 '~하곤 했다, ~이었었다'라는 뜻으로 과거의 습관이나 지속되었던 상태를 나타내며 '현재는 더 이상 그렇지 않다'라는 뜻이 내포되어 있다. 부정문은 「never used to」, 「didn't use to」, 「used not to」를 쓸 수 있지만 「used not to」는 비교적 딱딱한 표현으로 흔히 사용하지 않는다. 의문문은 「Did+주어+use to~?」형태로 쓴다.

I used to smoke a lot, but I've stopped.
나는 담배를 많이 피웠었지만 지금은 끊었다.

I never used to like horror movies.
나는 공포영화를 좋아하지 않았었다.

Did you use to exercise in the morning?
너는 아침에 운동을 하곤 했니?

2 used to와 would

과거의 습관에는 used to, would를 같이 쓸 수 있다. 단지 중요한 것은 과거의 상태를 나타내거나 음주나 흡연과 같은 버릇을 말할 경우 used to만 가능하다.

<비교>
There used to be a tall building here.→○ 여기 큰 건물이 있었는데.
There would be a tall building here.→X
I used to smoke.→○ 나는 담배를 피곤했었어.
I would smoke.→X

60

3 need

need는 '~할 필요가 있다'라는 뜻으로 조동사로 쓰일 경우 인칭과 수에 따라 그 형태가 변하지 않으며 의문문과 부정문에서 do동사가 필요 없음을 유의한다. **미국영어에서는 일반동사 need를 주로 쓴다.**

조동사 need	평서문	He need pay now.
	의문문	Need he pay now?
	부정문	He need not(needn't) pay now.

<비교> need가 일반동사로 쓰일 경우 의미는 같지만 목적어로 to부정사가 온다는 점과 의문문과 부정문에서 do 동사가 필요하다는 점이 조동사 need와 구분된다.

일반동사 need	평서문	He needs to pay now.
	의문문	Does he need to pay now?
	부정문	He doesn't need to pay now.

(**more tips!**) **문장과 절의 차이**

절은 주어+동사로 문장의 형태를 취하고는 있지만 단독으로 쓰이지 않고 다른 문장과 대등하게 [대등절] 혹은 다른 문장의 일부분[종속절]으로 사용되는 경우를 말한다. 결국 문장이란 개념이 훨씬 더 큰 개념인 셈이다. 문장은 하나의 주어와 하나의 동사로 이루어진 것도 문장이라고 하지만 두개 이상의 주어와 동사가 어우러진 것도 문장이라고 하니까 말이다.

(**영어로 말해보기**)

1	너 매우 날씬했었는데.(very skinny)	**You used to be very skinny.**
2	나는 단 것을 안 먹었었다.(eat sweets)	**I didn't use to eat sweets.**
3	여기 큰 건물이 있었는데.	**There used to be a tall building here.**
4	나는 공원에서 운동을 했었다.	**I would exercise in the park.**
5	나는 여동생과 아침에 조깅을 갔었다.	**I would go jogging with my sister.**

💬 Grammar in DIALOG

A **What happened to Sue? She was supposed to be here an hour ago.**

B **Have you phoned her on her cell?**

A **Of course, I have tried more than ten times, but her phone's been off.**

B **Either something *came up or she must've forgotten it somewhere.**

*come up (어떤 일이) 일어나다

A 수가 어떻게 된거야? 한시간 전에 여기 왔었어야 하는데.
B 걔 핸드폰으로 전화해봤어?
A 물론. 열 번 이상 해봤는데 폰이 꺼져 있어.
B 무슨 일이 났거나 핸드폰을 어디에다 놓고 잊어버린게 틀림없어.

 POINT

1 「should/ could/ might(may)/ must have+과거분사」

과거에 있었던 일을 통해 현재의 심리를 표현하는데 사용하는 과거와 현재가 연결되어 있는 표현이다.

2 「should have(should've)+과거분사」

'~했어야 했는데'라는 뜻으로 과거사실에 대한 유감을 나타낸다.

I **should have studied hard.** 열심히 공부했어야 했는데.

It's raining outside. I should have brought **my umbrella.**

밖에 비와. 우산을 가져왔어야 했는데.

3 「could have(could've)+과거분사」

'~할 수도 있었는데'라는 뜻으로 과거사실에 대한 가능성을 나타낸다.

I could have made **a lot of money.** 돈을 많이 벌수도 있었는데.

You could have helped **me.** 너는 나를 도와줄 수 있었잖아.

You could have made **a lot of money.** 너는 돈을 많이 벌 수 있었어.

(**more tips!**) 「could have+과거분사」는 「might(may) have+과거분사」와 비슷하게 과거에 대한 약한 추측을 나타내는 경우도 있다.

4 「might(may) have(might've)+과거분사」

'~했을지도 모른다'라는 뜻으로 과거사실에 대한 추측을 나타낸다.

I might have left **my keys in the office.**
아마 사무실에 열쇠를 두고 온 것 같아.

James might have missed **the bus.** James는 버스를 놓쳤을지도 몰라.

Jane might have been **late for work.** Jane은 직장에 아마 늦었을거야.

5 「must have(must've)+과거분사」

'~했었음에 틀림없다'라는 뜻으로 과거사실에 대한 강한 추측을 나타낸다.

Tina must have forgotten **our appointment.**
Tina는 우리 약속을 잊었음에 틀림없어.

It must have been **love.** 그것은 사랑이었음에 틀림없다.

영어로 말해보기

1 나는 열심히 공부했었어야 했는데.　　　**I should have studied hard.**
2 나는 돈을 많이 벌수도 있었는데.(a lot of)　**I could have made a lot of money.**
3 그녀는 집에 있었을지도 몰라.(at home)　　**She might have been at home.**
4 그녀는 늦게 일어났음에 틀림없어.　　　　**She must have gotten up late.**
5 그녀는 그 직업을 얻을 수 있었다.(get)　　**She could have gotten the job.**

Chapter 04　시제

💬 Grammar in DIALOG

A **Tell** me something about your boyfriend.
B **He's** good-looking and very kind to everyone.
He **has** a good sense of humor and always
makes me laugh. I **think** I'm in love with him.

A 네 남친 이야기 좀 해봐.   B 잘 생겼고 모두에게 아주 친절해. 유머감각
도 좋아서 날 항상 웃게 해. 나 걔를 사랑하는 것 같아.

 POINT

1   현재시제는 보통 다음과 같은 상황에서 쓴다.

● 지속적인 상태나 성질을 나타낼 때

I'm a 16-year-old girl. 나는 16세의 소녀다.

You have a good sense of humor. 너는 유머감각이 좋다.

Cindy is bad-tempered. She gets angry a lot.

Cindy는 성격이 고약하다. 자주 화를 낸다.

● 반복적인 일이나 습관을 나타낼 때
*always, often, never, every day 등의 부사와 함께 쓰이는 경우가 많다.

We have a meeting on Mondays. 우리는 월요일마다 회의를 한다.

Jack drives to work every day. Jack은 매일 직장에 차를 몰고 다닌다.

Would you like some beer?" "No, thanks. I don't drink.
맥주 좀 드릴까요?? 고맙지만 괜찮아요. 술 안 마셔요.

● 과학적이거나 일반적인 사실을 나타낼 때

Water freezes at 0°C. 물은 섭씨 0도에서 언다.

The sun rises in the east. 해는 동쪽에서 뜬다.

Washing D.C. is the capital of the United States.

워싱턴 D.C.는 미국의 수도이다.

2   주어가 3인칭 단수(she/ he/ it)일 때 동사에 -(e)s를 붙인다.

● 대부분의 동사는 -s를 붙인다.

come - comes   rain - rains   eat - eats   sleep - sleeps

● -s, -sh, -ch, -x로 끝나는 동사는 -es를 붙인다.

kiss - kisses   brush - brushes   miss - misses   teach - teaches
mix - mixes

● 자음+y로 끝나는 동사는 y를 i로 바꾸고 -es를 붙인다.

study - studies   cry -cries   fly - flies   try - tries

● 불규칙동사가 있다.

have - has   do - does   go - goes

일반동사에 붙는 -(e)s의 발음		
무성음(k, t, p, f 등) 뒤의 s	/s/	helps, likes, wants, laughs 등
-s, -sh, ch, -x로 끝나는 동사 뒤의 -es	/iz/	kisses, brushes, teaches, mixes 등
그밖 유성음 뒤의 s	/z/	plays, rains, snows, goes, studies 등

3   일반동사를 포함한 현재형 문장의 경우 부정문은 「주어 + don't/doesn't+동사
원형」, 의문문은 「Do/Does+주어+동사원형…?」형태로 쓴다.

I don't drink coke. 나는 콜라를 마시지 않는다.

Cindy doesn't eat pork. Cindy는 돼지고기를 먹지 않는다.

Do you come from the United States? 당신은 미국출신인가요?

Do you have any plans for your holiday? 휴일에 뭐 할 계획있어?

Does Charles teach English? Charles는 영어를 가르치니?

Does she live near here? 그녀는 이 근처에 사니?

영어로 말해보기

1 우리는 같은 학교에 다녀요.   **We go to the same school.**
2 나는 돈이 많이 없어.(much money)   **I don't have much money.**
3 Jack은 매일 회사에 차 몰고 가.(drive to work)   **Jack drives to work every day.**
4 Cindy는 돼지고기를 먹지 않아.   **Cindy doesn't eat pork.**
5 그 복사기는 작동하지 않아.(work)   **The copy machine doesn't work.**

💬 Grammar in DIALOG

A   **What are your family doing now?**

B   **My father's drinking coffee. He likes coffee.**
      My mother is making omelette for lunch. She
      cooks very well. My brother is watching TV.
      He watches TV a lot.

A 지금 너희 가족은 뭐하고 있어?   B 아버지는 커피를 마시고 계셔.
커피를 좋아하셔. 엄마는 점심으로 오믈렛을 만들고 있는데 요리를 아주 잘하셔.
오빠는 TV를 보고 있는데 TV를 아주 많이 봐.

1   현재진행시제는 「…하는 중이다」 라는 뜻으로 「be+동사-ing」 형태로 쓴다.

   I'm taking a shower. 나는 샤워 중이다.
   My brother is talking on the phone. 남동생은 전화 통화 중이다.
   My mother and I are cleaning the house.
   엄마와 나는 집안 청소중이다.

2   주로 always와 함께 지나치게 반복되는 버릇 또는 행동을 말할 때 쓰기도 한다.

   You're always forgetting something. 너는 늘 잘 잊어버려.
   (=You forget something too often.)

3   가깝고 확실한 미래를 나타낼 때 쓴다.

   We're having a surprise party tonight.
   우리는 오늘밤 깜짝파티를 연다.

4   현재형과 혼동하지 않도록 주의한다. 현재형은 주로 습관적인 행동을 말하는 반

면 현재진행형은 현재 진행 중인 동작을 나타낸다.

<비교>

I go to school. 나는 학교에 다닌다.
I'm going to school. 나는 학교에 가고 있다.
Jim smokes. Jim은 담배를 핀다.
Jim is smoking. Jim은 담배를 피고 있다.
We eat breakfast. 우리는 아침을 (보통) 먹는다.
We're eating breakfast. 우리는 아침을 먹고 있다.

5 「동사+ing」의 '현재분사' 를 만드는 규칙은 다음과 같다.

- 대부분의 동사는 동사원형에 -ing를 붙인다.

sleep - sleeping   read - reading   eat - eating

- -e로 끝나는 동사는 -e를 없애고 -ing를 붙인다.

live - living   come - coming   have - having

- 단모음+단자음으로 끝나는 동사는 자음을 하나 더 쓰고 -ing를 붙인다.

begin - beginning   prefer - preferring
control - controlling

- 2음절어인 경우 앞에 강세가 있으면 -ing만 붙인다.

open - opening   bother - bothering

- -ie로 끝나는 동사는 -ie를 y로 바꾸고 -ing를 붙인다.

lie - lying   tie - tying   die - dying

6 부정문은 be동사 뒤에 not을 붙이고 의문문은 「be동사+주어+동사+ing?」 형태로 쓴다.

I'm not sleeping. 나는 자고 있지 않다.
Terry isn't cleaning the room. Terry는 방을 치우고 있지 않다.
Am I bothering you? 내가 너 방해를 하고 있니?
Are you eating breakfast? 너는 아침 먹고 있니?
Is Monica listening to the radio? Monica는 라디오를 듣고 있니?

영어로 말해보기

1 남동생은 전화 통화 중이야.　　**My brother is talking on the phone.**
2 엄마와 나는 집안 청소중이야.　　**My mother and I are cleaning the house.**
3 비가 오고 있지 않아.　　**It isn't raining.**
4 John은 TV를 보고 있니?　　**Is John watching TV?**
5 그들은 바닥을 쓸고 있니?(sweep)　　**Are they sweeping the floor?**

과거시제

A **How was your holiday?**
B **It was very good.**
A **What did you do?**
B **I went to Cheju Island with my family. We swam in the sea and it was a lot of fun.**

A 휴일 어땠어?   B 아주 좋았어.   A 뭐했는데?
B 가족과 함께 제주도에 가서 바다에서 수영을 했는데 아주 재미있었어.

✏️ POINT

1   과거시제는 이미 끝난 과거 행동이나 상태를 나타낸다.

Liz went shopping. Liz는 쇼핑 갔다.

She was with her friends. 그녀는 친구와 함께 있었다.

She bought a new coat. 그녀는 새 코트를 샀다.

It was a little expensive. 그것은 약간 비쌌다.

She liked it very much. 그녀는 그것을 매우 마음에 들어했다.

Mozart was only 35 years old when he died.
모차르트는 그가 죽었을 때 겨우 35살이었다.

"When did you buy this computer?" "I bought it two years ago."
너는 언제 이 컴퓨터를 샀니? 2년 전에 샀어.

2   역사적인 사실을 나타낸다.

The Gulf War broke out in 1991. 걸프전쟁은 1991년에 일어났다.

(more tips) 과거시제와 함께 쓰는 부사

yesterday 어제   **the day before yesterday** 그저께

last night 어젯밤에　　**last week** 지난주에

in 2024 2024년에　　**in the 2020s** 2020년대에

3　동사의 과거형을 만드는 법칙은 다음과 같다.

● 동사원형에 -ed를 붙인다.

open - opened　rain - rained

● -e로 끝난 동사는 -d만 붙인다.

like - liked　love - loved　live - lived

● 「자음+y」로 끝나는 동사는 -y를 i로 바꾸고 -ed를 붙인다.

study - studied　cry -cried　worry - worried

● 「단모음+단자음」으로 끝나는 동사는 마지막 자음을 한 번 더 쓰고 -ed를 붙인다.

stop - stopped　drop - dropped　hug -hugged

예외1　2음절 이상의 단어 중 마지막 음절에 강세가 있지 않은 경우

open -opened　happen - happened　bother - bothered
visit - visited　remember - remembered

예외2　-y, -w, -x로 끝나는 단어는 -ed만 붙인다.

enjoy enjoyed　snow - snowed　vow - vowed mix - mixed

4　동사의 과거형 -ed는 /t/, /id/, /d/ 중 하나로 발음된다.

/t/	무성음 (p, k, f 등) 뒤	helped, liked, hoped, washed
/d/	유성음 (b, g, v와 모음들) 뒤	loved, studied, tried, played, listened
/id/	-d, -t로 끝나는 동사	needed, ended, hated, wanted, waited

5　일반동사를 포함한 과거형문장의 경우 부정문은 「주어 + did not(didn't)+동사
원형」 의문문은 「Did+주어+동사원형…?」 형태로 쓴다.

I didn't have lunch. 나는 점심을 안 먹었다.

Did you do your homework? 너는 숙제 했니?

영어로 말해보기

1　Daniel은 오늘 아침에 늦었어.　　**Daniel was late this morning.**
2　나는 어젯밤 Ted와 함께 있지 않았어.　　**I wasn't with Ted last night.**
3　너는 파티에 있었니?　　**Were you at the party?**
4　나는 친구들과 영화를 봤어.　　**I saw a movie with my friends.**
5　나는 어젯밤 잠을 잘 못 잤어.　　**I didn't sleep well last night.**

동사원형 과거형 과거분사 뜻

be(is/am/are)-was(were)-been
이다, 있다

become - became - become
~가 되다, 어울리다

begin - began - begun 시작하다

bite - bit - bitten(bit) 물다

blow - blew - blown 불다, 폭파하다

break - broke - broken 깨다, 어기다

bring - brought - brought
가져오다, 야기하다

build - built -built 건설하다

buy - bought - bought 사다

catch - caught - caught 잡다

choose - chose -chosen
고르다, 선택하다

come - came - come 오다

cost - cost - cost 비용이 들다

cut - cut - cut 자르다

deal - dealt - dealt 다루다, 거래하다

dig - dug - dug 파다

do - did - done 하다

dream - dreamed(dreamt)
-dreamed(dreamt) 꿈꾸다

drink - drank - drunk 마시다

drive - drove - driven 운전하다

eat - ate - eaten 먹다

fall - fell - fallen 떨어지다

feel - felt - felt 느끼다

fight - fought- fought 싸우다

find - found - found 찾다, 알다

fly - flew - flown 날다

forget - forgot - forgotten 잊다

forgive - forgave - forgiven 용서하다

freeze - froze - frozen 얼리다

get - got - got(gotten) 얻다, 취하다

give - gave - given 주다

go - went - gone 가다

grow - grew - grown 자라다, 키우다

have - had - had 갖다

hear - heard - heard 듣다

hide - hid - hidden 숨기다

hit - hit - hit 치다, 때리다

hold - held - held 잡다

hurt - hurt - hurt 상처입히다

keep - kept - kept 지속하다

know - knew - known 알다

leave - left - left 떠나다, 남겨두다

lend - lent - lent 빌려주다

let - let - let 놓다, 시키다

lose - lost - lost 지다, 잃다

make - made - made 만들다

mean - meant - meant 의미하다

meet - met - met 만나다

see- saw- seen 보다

sell- sold -sold 팔다

send -sent -sent 보내다

shake- shook -shaken 흔들다

shut -shut -shut 닫다

sing -sang -sung 노래하다

sit- sat -sat 앉다

sleep- slept -slept 자다

speak- spoke -spoken 말하다

spend -spent -spent 보내다

spread -spread -spread 펼치다

stand -stood -stood 서다

steal -stole -stolen 훔치다

stick -stuck -stuck 찌르다

swim -swam -swum 수영하다

take -took -taken 취하다, 선택하다

teach -taught -taught 가르치다

tear -tore -torn 찢다

tell -told -told 말하다

think -thought -thought 생각하다

throw -threw -thrown 던지다

understand -understood
-understood 이해하다

wake -woke -woken 깨다(깨우다)

wear -wore -worn 입다

win -won -won 이기다

write -wrote -written 쓰다

A I think my ex-boyfriend probably has a new girlfriend.

B I don't think so. You just broke up last week!

A 내 옛날 남자친구가 새 여자친구를 만난 듯 해.

B 난 그렇게 생각 안 해. 니네들 헤어진게 바로 지난 주잖아!

A Anna's father just bought her a new Mercedes.

B She doesn't deserve an expensive car like that.

A 애너의 아버지가 애너한테 메르세데스 벤츠 차를 새로 사준 것 있지.

B 걘 그런 비싼 차를 가질 만한 애가 못되는데.

A I just found out that I didn't pass my exam.

B Cheer up! I heard that students can retake it.

A 지금 막 내가 시험에 떨어졌다는 걸 알았어.

B 기운 내! 내가 듣기로 재시험을 볼 수 있대.

A I'm sorry I've taken so much of your time.

B That's all right, I'm glad we sorted out the problem.

A 시간을 너무 많이 뺏어서 죄송해요.

B 괜찮습니다. 문제를 해결하게 돼 기쁜 걸요.

A How did you break your leg?

B I fell off my bicycle.

A 어쩌다가 다리가 부러진거야?

B 자전거 타다가 넘어졌어.

A Do I know you?

B Yes, we met at a conference last year.

A 우리가 아는 사이든가요?

B 그럼요, 작년에 어떤 회의에서 만났었죠.

A Is there anything else that you haven't told me?

B No, that's everything.

A 나한테 얘기하지 않은 것이 더 있어?

B 아니, 그게 전부야.

💬 Grammar in DIALOG

Detective **What were you doing at 11 last night?**
Suspect1 **I was driving home.**
Suspect2 **I was sleeping.**

형사 지난밤 11시에 뭐하고 있었어? 용의자1 차로 집에 가고 있었어요.
용의자2 난 자고 있었어요.

📎 POINT

1   과거진행시제는 과거의 어느 때에 일어나고 있었던 일을 말하며 '~하고 있었다'
    는 뜻으로 「be동사의 과거형(was, were)+동사-ing」 형태로 쓴다.

I was thinking about you. 나는 당신 생각하고 있었어요.

My brother was taking a shower. 남동생은 샤워하고 있었다.

My friends and I were having a party.
친구들과 나는 파티를 하고 있었다.

2   과거형과 혼동하지 않도록 주의한다.

    과거시제는 과거의 어떤 시점에 일어나서 이미 끝나버린 사실을 사건 중심으로 나타낼
    때 쓴다. 과거진행시제는 과거 어떤 시점을 기준으로 그 전부터 진행 중이던 동작이 계
    속되는 것을 말한다.

I helped my mother with housecleaning.
(과거) 나는 엄마가 집안일 하는 것을 도와드렸다.

I was helping my mother with housecleaning.
(과거진행) 나는 엄마가 집안일 하는 것을 도와드리고 있었다.

Molly ate pizza for lunch. (과거) Molly는 점심으로 피자를 먹었다.

Molly was eating pizza for lunch.
(과거진행) Molly는 점심으로 피자를 먹고 있었다.

Jack vacuumed **the floor.** (과거) Jack은 바닥을 진공청소기로 청소했다.

Jack was vacuuming **the floor.**

(과거진행) Jack은 바닥을 진공청소기로 청소하고 있었다.

When Terry arrived, we were having a meeting.

(=We had already started the meeting.)

Terry가 도착했을 때 우리는 회의를 하고 있었다.→회의를 그 전에 시작했다는 뜻.

When Terry arrived, we had a meeting.

(=Terry arrived and then we had a meeting)

Terry가 도착하고 우리는 회의를 했다.→Terry가 도착한 후 회의를 했다는 뜻.

(more tips) 과거시제와 과거진행시제가 한 문장에 쓰이는 경우 구조는 보통 다음과 같다.

「When+과거시제문장, 과거진행시제문장」

When I met Ted, **he was waiting for the bus.**

내가 Ted를 만났을 때 그는 버스를 기다리고 있었어.

「As/When/While+과거진행시제문장, 과거시제문장」

While you were taking a shower, **Kate called.**

네가 샤워하고 있는 동안 Kate가 전화했었어.

3 부정문은 be동사 뒤에 not을 붙이고 의문문은 「be동사+주어+동사-ing?」형태로 쓴다.

My father was reading **a book.** 아버지는 책을 읽고 계셨다.

We were having **a house-warming party.**

우리는 집들이를 하고 있었다.

Were **you** talking **on the phone?** 너는 전화통화하고 있었니?

Was **Mark** taking **a shower?** Mark는 샤워하고 있었니?

╲ **영어로 말해보기** ╱

1 Molly는 점심으로 피자를 먹고 있었어.   **Molly was eating pizza for lunch.**

2 나는 시험에 대한 생각을 하고 있지 않았어.   **I wasn't thinking about the test.**

3 너는 운동하고 있지 않았구나.   **You weren't exercising.**

4 Tom은 방을 치우고 있지 않았어.   **Tom wasn't cleaning the room.**

5 Kate는 남동생을 괴롭히고 있지 않았어.   **Kate wasn't bothering her brother.**

Unit 27 현재완료시제

💬 Grammar in DIALOG

A Have you ever been to Disneyland?
B No, but I have seen some pictures of it. Is it really big?

A 디즈니랜드에 가본 적 있어?
B 아니, 그지만 디즈니랜드 사진은 좀 봤어. 거기가 정말로 커?

 POINT

1 과거형 문장이 '~을 했다'인 반면 현재완료문장은 '과거의 어떤 일로 인해 현재 어떠하다'라는 의미로 쓴다. 형태는 「주어+have/has+과거분사」로 쓰고 과거의 한 시점을 나타내는 부사(yesterday, last Friday, last night 등)와 같이 쓰지 않는다.

I can't have lunch with you now.

I've already had lunch.

과거   현재

2 현재완료시제의 숨은 뜻

I'm looking for Katie. Have you seen her?
(=Do you know where she is?)
그녀가 어디 있는지 지금 알려줄 수 있냐는 뜻

Have you read the Bible?(=Do you know the Bible?)
성경책을 읽어본 적이 있어서 지금 그것에 대해서 알고 있느냐는 뜻

I've traveled in Australia a lot.(=I know Australia.)
호주여행를 많이 해봐서 지금 호주에 대해 알고 있다는 뜻

3 현재완료시제와 함께 쓰지 않는 부사(구)

명확하게 현재나 과거의 시점을 나타내는 부사(now, last night, two hours ago 등)와 함께 쓸 수 없다.

It has snowed last night.(X) → It snowed last night.(O)

The accident has happened two hours ago.(X)
→ **The accident** happened **two hours ago.**(O)

4 현재완료시제와 함께 자주 쓰는 부사(구)

현재완료문장의 의미를 강조하거나 구체적으로 표현하기 위해 자주 쓰는 부사(구)는
다음과 같은 것들이 있다. ever(한 번이라도), never(전혀), yet(아직-부정문, 이제-
의문문), recently/lately(최근에), just(막), since~(~이래로), for~(~동안) 등.

Have you ever been to Italy? 이탈리아에 가 본 적이 있니?
I've never tried skydiving. 나는 스카이다이빙을 해본 적이 전혀 없어.
He's already cleaned the rooms. 그는 이미 방들을 치웠다.

5 '지금 막 ~했다'라는 완료의 의미로 쓴다.

I've just had dinner. 나는 금방 저녁을 먹었어. (just: '막 ~했다')
I've already finished my homework. 나는 이미 숙제를 끝마쳤다.
(already: '이미~했다')

"Are you ready to order?" "Sorry, I haven't decided yet."
주문하시겠어요? 미안해요. 아직 결정 못했어요. (부정문의 yet: '아직~하지 않았다')

"Have Tom and Mary arrived yet?" "No, not yet."
Tom과 Mary가 도착했어? 아니, 아직 안했어.
(의문문의 yet: 어떤 일이 지금쯤 일어났을 것으로 기대할 때 쓴다.)

6 '~해본 적이 있다'라는 경험의 의미로 쓴다.

Have you ever been to Florida? Florida에 가본 적 있어?

7 '계속 ~해왔다'라는 계속의 의미로 쓴다.

How long+have/has+주어+과거분사?는 '얼마나 오래 ~해왔니?' 라는 질문.

How long have you known each other? 너희는 얼마나 알고 지냈니?

8 '~해버려서 지금은 ~이다'는 결과의 의미로 쓴다.

She has left for New York. (So she is not here.)
그녀는 뉴욕으로 떠나 버렸다.

╲ **영어로 말해보기** ╱

1 나는 이미 숙제를 끝마쳤어.   **I've already finished my homework.**
2 우리는 디즈니랜드에 가본 적이 있어. **We've been to Disneyland.**
3 나는 너를 1시간동안 기다렸어.   **I've waited for you for an hour.**
4 너희는 얼마나 알고 지냈니?   **How long have you known each other?**
5 Janet은 미국에 가 있어.   **Janet has gone to the United States.**

A **It's been a long day. I'm exhausted.**
B **You've been taking on too many projects lately.**
A **I know.**
B **Just get your *priorities in order and know your limits.**
  *priority 우선순위

A 힘든 하루였어. 완전히 지쳤어.   B 너 최근에 너무 많은 프로젝트를 담당해왔어.
A 알아.   B 일에 우선순위를 두고 과로하지 않도록 해.

1   과거의 일이 현재까지 진행 중일 때 쓰는 현재완료진행시제

현재완료진행시제는 과거에 일어난 일이 현재까지 진행 중일 때, 또는 방금 전에 끝난 일이라도 현재에 영향을 미칠 때 쓴다. 형태는 「주어+have(has)+been+동사+-ing」 이다.

It's been raining all day. 하루 종일 비가오고 있어.

I've been waiting for you for an hour.
나는 너를 1시간동안 기다리고 있어.

I've been trying to get a hold of you all morning!
아침 내내 당신하고 연락하려고 애썼어요!

I think I have been doing an excellent job.
저는 일을 아주 잘 해왔다고 생각하는데요.

You've been working so hard these days. 넌 요즘 너무 무리했어.

Where have you been? We've been looking all over for you. 어디 있었어? 우리가 너를 여기저기 찾아다니고 있었잖아.

We've been playing badminton for two hours.
우리는 두 시간 동안 배드민턴을 치고 있어.

"What have you been doing?" I've been vacuuming and doing the laundry." 뭐하고 있었어? 진공청소기로 청소하고 빨래하고 있었어.

2 현재완료진행시제와 현재완료시제 비교

현재완료진행과 현재완료시제 계속은 내용상 큰 차이 없이 과거부터 지금까지 계속 되는 동작을 표현하는데, 단지 현재완료진행시제가 지금까지 일이 계속되고 있음을 더 강조한다.

<비교>

It's snowed for a week. 일주일 동안 눈이 왔다.

It's been snowing for a week. 일주일 동안 눈이 오고 있다.

Henry has worked here for a long time.
Henry는 여기에서 오랫동안 일해 왔다.

Henry has been working here for a long time.
Henry는 여기에서 오랫동안 일해오고 있다.

You've slept all day. 너 하루 종일 잤구나.

You've been sleeping all day. 너 하루 종일 자고 있구나.

영어로 말해보기

1 나는 너를 1시간동안 기다리고 있다.   **I've been waiting for you for an hour.**
2 그들은 지난달 이래로 여행을 하고 있다. **They've been traveling since last month.**
3 나는 이번 주에 열심히 일하고 있다.   **I've been working very hard this week.**
4 비가 오랫동안 내리고 있니?   **Has it been raining for a long time?**
5 너는 그를 얼마나 오래 기다리고 있니?   **How long have you been waiting for him?**

Unit 29　미래시제 1

💬 Grammar in DIALOG

A **I'm going to** have a birthday party this Friday.
Will you come?
B Sure, I **will**.
A Good. Jack and Michael **are coming**, too.

A 이번 금요일에 생일파티를 할거야. 올거야?　　B 물론, 갈거야.
A 좋아. 잭과 마이클도 올거야.

✏️ POINT

1 「will+동사원형」은 '~을 할 것이다'라는 뜻으로 미래시제를 나타낸다.

I will **be in Chicago next week.** 나는 다음주에 시카고에 갈거야.
I will **see a movie tonight.** 오늘밤 영화 볼거야.
Will **you be on time?** 정시에 올거야?

2 will의 부정은 will not이며 won't로 축약할 수 있다.

Mom, I won't **let you down.** 엄마, 실망시켜 드리지 않을게요.
Won't **you get up?** 너 안 일어날거야?

3 「be going to + 동사원형」은 '~을 할 예정이다'라는 뜻으로 미래시제를 나타낸다.

- 사전에 결정한 일을 나타낸다.
We're going to buy a house next year.
우리는 내년에 집을 살 예정이다.

- 상황의 결과로 예측되는 일을 나타낸다.
I'm stuck in traffic. I'm going to be late.
차가 막혀. 나는 늦게 될거야

Look out! We're going to crash! 조심해! 충돌하겠어!

4 be going to의 부정은 be동사 뒤에 not을 붙인다.

I'm not going to have dinner. I'm on a diet.
저녁 안 먹을거야. 다이어트중이거든.
It's not going to snow much. 눈이 많이 오지 않을 예정이다.

5 이미 정해진 일은 will 대신에 be going to를 쓴다.

숙모가 아기를 가졌어요.
My aunt will have a baby. (X)
My aunt is going to have a baby. (O)

6 확실하고 가까운 미래를 나타낼 때는 현재진행형 「be+동사-ing」를 쓰기도 한다.

I'm leaving tonight. 나 오늘밤 떠나.
Kate is getting married next week. Kate는 다음주에 결혼해.

(**more tips!**) 공식적인 일 또는 계획과 확실한 미래를 나타낼 경우 현재형과 현재
진행형문장이 미래시제를 대신하는 경우도 있다.

(**more tips!**) **품사의 자유**

1) 동사 → 명사

must 해야 할 것   **have a say** 발언권을 갖다
have a go 시험삼아 한번 해보다   **in the know** 사정을 잘 알고 있는
make a buy 물건을 구입하다   **do /don't** 해야 할 일/하지 말아야 할 일

2) 접속사 → 명사

if 가정(supposition), 조건(condition)
when 시기, 때(time; occasion)

I'm sure that he will want to have a say in the matter.
그 친구는 그 문제에 대해 발언권을 갖길 바랄게 틀림없다.
Jim says that he'd like to have a go with the system.
Jim은 시스템을 한번 시험가동 해보겠다고 하고 있어.

영어로 말해보기

1 엄마, 제가 실망시켜 드리지 않을게요.   **Mom, I won't let you down.**
2 우리는 오늘밤 영화를 보러갈 예정이야.   **We're going to see a movie tonight.**
3 너는 무엇을 할 예정이니?   **What are you going to do?**
4 Kate는 다음 주에 결혼해.   **Kate is getting married next week.**
5 너 오늘밤 오니?   **Are you coming tonight?**

💬 **Grammar in DIALOG**

A Let's go to see a movie after class.
B I'm sorry, but I've got to go home early. I'm supposed to take care of my sister this afternoon.

A 학교 끝나고 영화보러가자.
B 미안하지만 난 집에 일찍 가야 돼. 오늘 오후에 여동생을 돌봐야 돼.

 POINT

1 be about to

'막 ~하려고 하다'라는 뜻으로 매우 짧은 시간 안에 일어날 일을 말한다.

Hurry up. The movie is about to begin.
서둘러. 영화가 막 시작하려 해.

I am about to call Jason. 내가 Jason에게 막 전화하려고 하고 있어.

*'막 ~하려고 했었다'라고 하려면 be동사를 과거형으로 쓴다.
We were about to go out. 우리 막 나가려고 했었어.

2 be supposed to

'~하기로 되어 있다'라는 뜻으로 정해진 일이나 해야 되는 일을 말할 때 쓴다.

"What am I supposed to do?"
내가 무엇을 하기로 되어있지?/ 나 어쩌지?(=What should I do?)

You're supposed to do the laundry. 너는 오늘 빨래해야지.

Is Jim supposed to be coming back this afternoon?
Jim이 오늘 오후에 돌아오기로 되어있는거야?

"What are you supposed to do?"

"I'm supposed to meet Dr. Walf this afternoon."

뭐하기로 되어있니? 오늘 오후에 Walf 박사님을 만나기로 했어.

*'~하기로 되어 있었다'라고 하려면 be동사를 과거형으로 쓴다.

You were supposed to come here an hour early.

한 시간 일찍 오기로 했잖아.

He was supposed to be home a long time ago.

그는 집에 벌써 왔어야 하는데.

3 **be to**

'~할 예정이다'라는 뜻으로 비교적 격식을 차린 표현(formal)에 쓴다.

The President is to visit Malaysia.

대통령은 말레이시아를 방문할 예정이다.

Mr. Smith is soon to be promoted. Smith씨는 곧 진급될 것이다.

We're to get a wage rise. 우리는 임금 인상이 될 것이다.

4 **그 밖의 미래를 나타내는 표현**

조동사 could나 might를 사용하여 확실하지 않은 미래를 말할 수 있다.

Shiela could be fired sooner or later.

Shiela는 조만간 해고당할 수 있어.

I might see a movie with my friends this weekend.

나는 이번 주말 친구들과 함께 영화 볼지도 몰라.

영어로 말해보기

1 너는 오늘 빨래해야지.(do the laundry)

You're supposed to do the laundry today.

2 내가 무엇을 하기로 되어있지?

What am I supposed to do?

3 Smith씨는 곧 진급될 것이다.(be soon to)

Mr. Smith is soon to be promoted.

4 Shiela는 조만간 해고당할 수 있어.(sooner or later)

Shiela could be fired sooner or later.

5 Jane이 너를 거기에 태워줄지도 몰라.(give you a ride)

Jane might give you a ride there.

Grammar in DIALOG

A **How was your trip to Hawaii?**
B **You know... It was the first time that I had been to Hawaii. I had a lot of fun.**

A 하와이 여행은 어땠어?
B 너도 알지만 내가 처음으로 하와이에 갔다왔잖아. 엄청 재미있었어.

 POINT

1 과거와 과거보다 앞서 일어난 일을 구분 짓는 경우의 과거완료시제
   형태는 「주어+had+과거분사」이다.

   Janet had already left.   I got there.
                    ↓   ↓
                 과거완료   과거

   Janet had already left when I got there.
   내가 거기에 도착했을 때 Janet은 이미 떠났다.

   (more tips!) before, after 등 전후관계를 분명히 말해주는 접속사가 있는 경우
   과거보다 앞서 일어난 일이라도 과거완료대신 과거시제를 쓸 수 있다.

   After **I got home, I took a shower.** 나는 집에 도착한 후 샤워를 했다.
   Before **I went to bed, I gave him a call.**
   나는 잠자리에 들기 전 그에게 전화를 했다.

2 과거이전의 일이 과거의 일과 밀접한 관련이 있을 경우의 과거완료시제

                                          They got married.
   They had known each other for 10 years.   ↓
   _____
           과거완료   과거

84

When they got married, they had known **each other for 10 years.** 그들이 결혼했을 때 그들은 10년 동안 알고 지내왔었다.

3 과거완료문장의 다양한 쓰임

The movie had already begun **when I got there.**
내가 도착했을 때 영화는 이미 시작했다.

It had rained **for three weeks when I got to Seattle.**
내가 Seattle에 도착했을 때 3주 동안 비가 왔었다.

4 그 밖의 시제

1. 과거완료진행시제(past perfect progressive)
과거완료진행시제는 과거보다 그 이전부터 진행 중이던 일이 끝나지 않고 계속될 때 쓴다. 형태는 「주어+had+been+동사~ing」이다.

Sarah fell ill because she had been working **too hard.**
Sarah는 너무 열심히 일해서 아팠다.

We had been walking **since sunrise, and we were very hungry.** 우리는 해뜰 때부터 걸어서 몹시 배고팠다.

2. 미래완료시제(future perfect)/미래완료진행시제(future perfect progressive)
미래완료시제란 현재의 시점에서 미래 어느 시점까지 완료될 사건(「주어+will+have+과거분사」)을, 미래완료진행시제란 현재의 시점에서 미래 어느 시점까지 계속될 일을 예상하여 표현하는 시제(「주어+will+have+been+동사~ing」)이다.

He'll have finished **the roof by Friday.** 갠 지붕일을 금욜까지 끝낼거야.

Next month I'll have been teaching **for ten years.**
다음 달이면 10년 동안 가르치게 된다.

영어로 말해보기

1 내가 도착했을 때 영화는 이미 시작했다.(When~)
When I got there, the movie had already begun.

2 Sarah는 너무 열심히 일해서 아팠다.(fall ill, because~)
Sarah fell ill because she had been working too hard.

3 그가 우리가 거기에 갈 때까지 도착할까?(~by the time we get there?)
Will he have arrived by the time we get there?

4 다음 달이면 10년 동안 가르치고 있게 된다.
Next month I'll have been teaching for ten years.

5 내년이면 내가 이 회사에서 20년 동안 일하고 있게 된다.
Next year I'll have been working at this company for twenty years.

Chapter 05 명사와 관사

Unit 32 명사의 쓰임

💬 **Grammar in DIALOG**

A **Who is he?**
B **He's my brother.**
A **What's his name?**
B **His name is Jack Daniel.**

A 쟤 누구야?   B 내 형이야.
A 이름이 뭐야?   B 이름은 잭 다니엘이야.

 POINT

1 명사란 사람이나 사물, 장소 등의 이름을 나타내는 말이다.

Jenny stayed at the Hilton in Hawaii.
Jenny는 Hawaii에 있는 Hilton 호텔에서 머물렀다.

My favorite sport is soccer. 내가 좋아하는 스포츠는 축구이다.

Time goes by quickly, doesn't it? 시간이 정말 빨리 지나가지 않나요?

My friend lives in a beautiful new house.
친구는 아름다운 새 집에 살고 있다.

2 명사는 문장 안에서 주어, 목적어, 보어, 전치사의 목적어 역할을 한다.

주어역할

The weather is nice. 날씨가 좋아요.

My sisters are twins. 여동생들은 쌍둥이예요.

The computer system failed. 컴퓨터 시스템이 고장났어요.

The sticker says it's made in Canada.
스티커에는 캐나다제라고 되어 있어.

목적어역할

People watch television **a lot.** 사람들은 TV를 많이 봐요.

Jane loves her parents. Jane은 부모님을 사랑해요.

Do you have time **to have** dinner? 저녁 먹을 시간 있어요?

We have to make an effort **to stay in touch.**
우리 서로 만나도록 노력하자.

보어역할

Today is Monday. (주격보어) 오늘은 월요일이다.

That's a good idea. (주격보어) 좋은 생각이야.

Is it his birthday **already?** 벌써 그의 생일인가요?

People call me a fool. (목적격보어) 사람들은 나를 바보라고 불러요.

Let's paint the kitchen yellow. (목적격보어)
부엌을 노란색으로 칠하자.(목적어 설명)

전치사의 목적어

Look at the girl. 저 소녀를 봐.

We're waiting for the bus. 우리는 버스를 기다리고 있어.

Okay, then I'll see you tomorrow at the office.
좋아요. 그럼 내일 사무실에서 봐요.

Kevin, what are you doing on Saturday night?
케빈, 토요일 밤에 뭐해?

I went to the library **to get a book.** 책 빌리러 도서관에 갔었어.

Do you have time to talk about the meeting?
회의에 대해 얘기할 시간 있어요?

영어로 말해보기

1 Jenny는 Hilton 호텔에서 머물렀어.　　**Jenny stayed at the Hilton.**
2 Daniel은 책을 썼어.　　　　　　　　**Daniel wrote a book.**
3 내가 좋아하는 스포츠는 축구야.　　　**My favorite sport is soccer.**
4 사람들은 나를 바보라고 불러.(a fool)　**People call me a fool.**
5 나는 음악에 관심이 있어.　　　　　　**I'm interested in music.**

💬 Grammar in DIALOG

A **Can I use your cell phone?**
B **I'm sorry, but I didn't bring it today. Why don't you use Mike's?**
A **Is this Mike's cell phone?**

A 네 핸드폰을 써도 될까? B 미안, 하지만 오늘 안갖고 왔어. 마이크꺼 쓰지 그래?
A 이게 마이크의 핸드폰이야?

 POINT

1 인칭대명사의 소유격

인칭대명사의 소유격 my/your/his/her/its/our/their는 명사구의 맨 앞에 위치한다.

May I ask for your phone number? 전화번호를 여쭤 봐도 될까요?

2 이중소유격

a/an, some, this, that, no 등이 명사 앞에 올 경우 소유격을 같이 쓰지 않는다. 이
때는 「a/an, some, this, that, no+명사+of+소유대명사」 형태의 이중소유격을 쓴다.

Laura is a friend of mine. (a my friend → X)
Laura는 내 친구 중 하나이다. =Laura is one of my friends.

Can I borrow some books of yours? (some your books→X)
네 책들 중 몇 권을 빌릴 수 있을까? =Can I borrow some of your books?

3 명사의 소유격

명사의 소유격은 사람, 동물인 경우 명사에 's를 붙인다.

Where is the manager's office? 어디가 지배인 사무실이죠?

4 조직이나 단체(a group of people) 또는 장소명(places)일 경우 's나 of 둘
다 쓸 수 있다.

Do you know the world's **population?**

(=the population of the world) 세계인구가 얼마인지 알고 있니?

5 -s로 끝나는 명사일 경우, 뒤에 apostrophe(')만 붙인다.

This is my parents' **car.** (parents's→X) 이것은 부모님 차다.

This is my sisters' **room.** (sisters's→X) 이것은 내 여동생들의 방이다.

6 복수명사라 할지라도 -s로 끝나지 않을 경우 's를 붙인다.

These are children's **backpacks.** 이것들은 아이들의 가방이다.

7 시간이나 단위를 나타내는 명사일 경우 's를 사용하여 소유격을 만든다.

last Saturday's **match** 지난 토요일의 경기

three dollars' **worth of popcorn** 3달러어치의 팝콘

8 무생물 명사의 소유격 : 명사가 무생물일 경우 's 대신 of를 사용한다.

the name of **this street** (this street's name→X) 이 거리의 이름

the title of **this song** (this song's title→X) 이 노래의 제목

9 소유대명사

소유대명사 mine/yours/his/hers/ours/theirs 는 「소유격+명사」를 대신 쓰는 말이다. 명사의 소유대명사인 경우 명사's 를 쓴다.

Which is your bag? → **Which is** yours?

Those are Karen's **shoes.** → **Those are** Karen's.

This isn't my pen. → **It's** Selly's. 이것은 내 펜이 아니야. Selly거야.

10 명사 없이 소유격만 썼을 때는 '~의 것'의 뜻이다.

This computer is Tom's **(computer).** 이 컴퓨터는 Tom의 것이다.

We'll meet at Mary's **(house).** 우리는 Mary 집에서 만날거야.

영어로 말해보기

1 이것들은 여자 옷이야.　　　　　　　　**These are women's clothes.**

2 Jane의 집은 우체국 옆에 있어.(next to)　**Jane's house is next to the post office.**

3 이 노래 제목이 뭐지?　　　　　　　　**What's the title of this song?**

4 이 책의 작가를 나에게 얘기해줘.　　　**Tell me the author of this book.**

5 이 컴퓨터는 Tom의 것이다.　　　　　**This computer is Tom's (computer).**

Unit 34   셀 수 있는 명사와 명사의 복수형

💬 **Grammar in DIALOG**

A **What's your favorite snack?**
B **It's a sandwich with meat, vegetables, and honey.**

A 가장 좋아하는 간식은 뭐야?
B 고기, 야채 그리고 꿀이 들어간 샌드위치야.

 POINT

1 명사

사람이나 사물의 이름 또는 개념을 나타내는 말을 명사라고 한다. '하나, 둘…'로 셀 수 있는 명사와 개체수가 많거나 모양이 일정하지 않아 셀 수 없는 명사가 있다.

셀 수 있는 명사	셀 수 없는 명사
단독으로 쓰이지 않고 관사 'a(n) 또는 the'를 붙이거나 복수형 '-(e)s'으로 쓴다.	복수형을 쓰지 않으며 정관사 'the'는 상황에 따라 붙여 쓸 수 있지만 부정관사 'a(n)'는 쓸 수 없다.
<셀 수 있는 명사의 예> a chair - chairs an idea - ideas a boy - boys a woman - women a child - children a tooth - teeth 등	<셀 수 없는 명사의 예> English, water, bread, love, money, happiness 등

셀 수 있는 명사와 셀 수 없는 명사 모두 가능한 명사

- paper   (종이) **Paper** is made from wood.
- a paper   (신문) I'm going out to buy **a paper**.
- coffee   (커피) I drink **coffee** a lot. [tea/beer/Coke]
- a coffee   (커피 한잔-주문할 때) I'll have **a** (cup of) **coffee**, please.

[a tea/a beer/a Coke]

- glass   (유리) This vase is made of **glass**.

- a glass (유리잔) I need **a glass**.
- chicken (닭고기) Do you want **chicken** or beef? [fish/lamb/turkey]
- a chicken (닭) There's **a chicken** in the garden. [a fish/a lamb/a turkey]
- wine (와인) Jane never drinks **wine**.
- wines (와인의 종류) France produces some wonderful **wines**.
- time (시간) Time flies when you're having fun.
- times (~번) I called him more than ten **times** yesterday.

2 셀 수 있는 명사의 복수형 만드는 법

규칙	
● 대부분의 명사에 -s를 붙인다.	day→days week→weeks month→months year→years
● -s, -x, -sh, -ch, -o로 끝나는 명사는 -es를 붙인다.	bus→buses box→boxes dish→dishes church→churches potato→potatoes tomato→tomatoes echo→echoes *예외: pianos, photos, radios 등
● 「자음+y」로 끝나는 명사는 y를 i로 고치고, -es를 붙인다. *모음+y」로 끝나는 명사는 -s만 붙인다는 점을 유의한다.	century→centuries baby→babies lady→ladies dictionary→dictionaries *예외: keys, guys, boys 등
● -f,-fe는 v로 바꾸고, -es를 붙인다.	life→lives shelf→shelves leaf→leaves wife→wives thief→thieves *예외: belief→beliefs, proof→proofs, roof→roofs 등
불규칙	
● 모음이 변한다.	tooth→teeth, man→men, woman→women, foot→feet, goose→geese, mouse→mice crisis→crises, oasis→oases
● 어미에 -(r)en을 붙인다.	child→children, ox→oxen
● 단수, 복수가 같다.	fish→fish, deer→deer, sheep→sheep, trout→trout, Japanese→Japanese, Swiss→Swiss

3 복수형(-(e)s)이지만 단수 취급하는 명사

1. -ics로 끝나는 명사

economics(경제학), electronics(전자학), gymnastics(체육학), mathematics(수학), physics(물리학), politics(정치학) 등

Mathematics is my favorite subject. 수학은 내가 좋아하는 과목이다.

2. 돈의 액수, 기간, 거리 등을 하나로 볼 때

Two weeks wasn't enough holiday. 두 주는 충분한 휴가가 아니었다.

Ten miles is a long way to walk. You'd better take the bus. 10마일은 걷기에 멀어. 버스를 타는게 좋아.

3. news, the United States(미국), Athens(아테네), measles(홍역), 「one of+ 복수명사」 등

The news was so shocking. 그 뉴스는 정말 충격적이었다.

The United States is smaller than Canada. 미국은 캐나다보다 작다.

One of my friends works for Google. 친구 중 하나가 구글에서 일한다.

4 항상 복수형(-(e)s)이고 복수 취급하는 명사

pants, jeans, slacks, shorts, trousers, pajamas, glasses, scissors 등은 짝이 있어야 하나의 사물이 되는 명사로 a pair of, two pairs of로 센다.

My jeans are too tight. 내 청바지가 너무 껴.

"Where are my glasses?" "They are on the desk."
내 안경 어디 있지? 책상 위에 있어.

Have you got a pair of nail-scissors? 손톱가위 있니?

5 단수형이지만 복수 취급하는 명사

(the) police, people, cattle 등

Do you think the police are well paid?
경찰이 월급을 많이 받을 것 같니?

Most people are interested in movies.
대부분의 사람들은 영화에 관심이 있다.

6 의미에 따라 단수, 복수 취급하는 명사

family, team, club, staff, 등의 단어는 하나의 단위로 쓸 경우 단수취급, 그 안에 속한 하나하나의 개인이나 사물을 가리킬 경우는 주로 복수취급한다.

How are your family?(복수) 가족들은 어때?

The average family has 3.5 members. It's smaller than 50 years ago.(단수) 평균 가족은 3.5명이다. 50년 전보다 줄어들었다.

(**more tips!**)

1 미국식 영어에서는 family류의 명사를 하나의 단위로 쓰거나 하나하나의 개인으로 보거나 모두 단수취급을 하기도 한다.

2 명사 말하기

영어에서 셀 수 있는 명사는 그 명사만 혼자 사용하는 경우는 없다. 어떤 형태로든 그 명사의 뜻을 구체화시켜주는 말을 붙여야 한다. 그러므로 '차'(car)를 말할 때 그냥 '차'(car)라고 하지 않는다. '한대의 차'(a car), '이 차'(this car), '저 차'(that car), '그 차'(the car), 또는 '차들'(cars) 등 구체적으로 정확하게 표현해주어야 한다.

3 have been~은 '~에 가본 적 있다'는 경험을 나타내고 have gone~은 '~에 가버리다'라는 뜻으로 주어 'I'(나)와 쓸 경우 어색하다.

Ann has gone to Africa. Ann은 아프리카에 가고 없다.

Ann has been to Africa. Ann은 아프리카에 가본 적이 있다.

(**영어로 말해보기**)

1	저는 커피 한잔을 마실 거예요.(have)	**I'll have a coffee.**
2	프랑스는 좋은 와인을 생산한다.	**France produces some wonderful wines.**
3	수학은 내가 좋아하는 과목이다.	**Mathematics is my favorite subject.**
4	10마일은 걷기에 먼 길이야.(to walk)	**Ten miles is a long way to walk.**
5	네 가족은 어때?(가족구성원 모두의 안부를 물을 때)	**How are your family?**

💬 Grammar in DIALOG

A **Mom, I think something is burning. Smoke is coming out of the oven.**
B **Oh, my! Turn it off with care.**

A 엄마, 뭐 타는 것 같아. 오븐에서 연기가 새어나오고 있어.
B 어, 이런! 조심해서 오븐을 꺼라.

1 셀 수 없는 명사

셀 수 없는 명사는 보통 부정관사(a/an)를 붙이지 않고 복수형으로도 쓰지 않는다.

2 고유명사

특정한 사람이나 장소 또는 사물의 이름을 말하며 첫 글자를 대문자로 시작한다.
Africa, Iraq, September, Sunday, Christmas, Easter, Central Park 등

Katie **left for** Las Vegas **on** September **20.**
Katie는 9월 20일에 Las Vegas로 떠났다.

more tips! 고유명사는 보통 관사 a/an/the를 붙이지 않지만 예외가 있다.
1 the Bushes 복수형인 경우 가족을 나타내는 집합적인 의미이므로 the를 붙임.
2 the United States 여러 주를 합쳐놓은 국가로 복수형으로 쓰이는 집합적인 의미를 가진 국가명은 the를 붙임 <예> the Philippines, the Netherlands, the Bahamas 등

3 집단(한 덩어리) 명사

특정한 명사를 지칭하지 않고 여러 개를 포함하는 덩치가 큰 명사를 가리키는 경우 셀수 없는 명사이다. 단 각 집단 안에 속하는 특정한 명사는 셀 수 있는 명사이다.

전체(셀 수 없음)	부분(셀 수 있음)
furniture(가구)	desks, chairs, tables, beds 등
mail(우편물)	letters, postcards, parcels(소포) 등
luggage/baggage(짐)	suitcases, bags 등
clothing(의류)	shirts, pants, vests 등
fruit(과일)	apples, bananas, grapes 등

4 물질 명사

물질의 이름을 나타내며 한개, 두개로 단위를 나누어 세기 애매하거나 작은 것이 모여서 전체를 이루는 것들이 이에 속한다.

water, coffee, tea, ice, smoke, weather, meat, cheese 등

"What would you like to drink?" "I'd like some water."

뭐 마시고 싶어요? 물마시고 싶어요.

(more tips!) 일상 회화에서 일부 셀 수 없는 명사를 복수형으로 쓰기도 한다.

We'll have two hamburgers and two coffees.

(우리는 햄버거 두 개와 커피 두 잔 먹을게요.)

5 추상명사

구체적인 모양이 없는 것으로 감정, 개념, 운동, 질병 등을 나타내는 말이다.

beauty, luck, experience, shame(부끄러움), happiness, courage(용기), advice, information, intelligence, measles(홍역) 등

Beauty is but skin-deep. 미모는 단지 겉모습일 뿐이다.

It wasn't your fault. It was bad luck. 네 잘못이 아니야. 운이 나빴어.

Experience teaches. 경험은 가르침을 준다.

6 a+셀 수 없는 명사

셀 수 없는 명사지만 일반적인 경우가 아니라 특정한 상황이라면 부정관사(a/an)를 사용한다. 보통 명사 앞에 꾸며주는 형용사가 있는 경우가 많다.

I don't usually have a big lunch. 나는 보통 점심을 거하게 먹지 않는다.

Have a good time. 좋은 시간 보내.

You've been a great help. 네가 도움이 많이 되었어.

You need a good sleep. 너는 잘 자야 해.

My parents wanted me to have a good education.

부모님은 내가 좋은 교육을 받기를 원하셨다.

7 셀 수 없는 명사를 셀 수 있게 해주는 어구

a piece/slice (two pieces/slices) of cake
a piece/sheet (two pieces/sheets) of paper
a bar (two bars) of chocolate
a loaf (two loaves) of bread

a glass (two glasses) of water/juice
a cup (two cups) of coffee/tea
a bottle (two bottles) of beer/soda
a jar (two jars) of jam
a carton (two cartons) of milk
a box (two boxes) of cereal/flour

a kilo (two kilos) of cheese
a pound (two pounds) of butter/pork
a meter (two meter) of cable

an item (two items) of information/news

영어로 말해보기

1 Tom과 Mary는 파리에서 만났다.   **Tom and Mary met in Paris.**
2 의자와 테이블은 가구다.   **Chairs and tables are furniture.**
3 Jack은 맥주 두 병을 마셨다.   **Jack drank two bottles of beer.**
4 당신의 친절에 감사합니다.(appreciate)   **I appreciate your kindness.**
5 네가 도움이 많이 되었어.(a great help)   **You've been a great help.**

[1] 미래시제

미래시제 조동사로 will과 shall이 있지만 오늘날에는 거의 대부분 will을 쓰는 추세. be going to도 미래시제를 나타내기는 하지만, will이 말하는 당시에 비로소 뭔가를 하려고 결정을 내릴 때 쓰는 것이라면 be going to는 이미 결정한 사실에 대해 「실행하겠다」는 것으로, 차이가 있다. 하지만 사람의 결정이 개입될 여지가 없는, 가령 「날씨가 좋을 것이다」와 같은 문장에서는 Weather will[is going to] be nicer처럼 두가지가 구분없이 쓰인다. 또 Look at those black clouds. It's going to rain과 같이 현재의 상태로 봐서 「앞으로 어떤 일이 생길 것 같다」라고 말하는 경우에는 be going to가 적합하다. 특히 will be ~ing형의 「미래진행형」은 미래의 시점에 「(그때쯤이면) …하고 있을거야」라는 의미와, 그저 「…하게 되겠지」 정도의 의미로 회화에서 자주 쓰인다. 또한 미래진행시제는 확정된 미래나 오래 지속될 미래를 말할 경우, 또는 미래시제와 별 차이가 없이도 우리가 알고 있는 이상으로 실생활에서 많이 쓰인다. 예를 들어 유명팝송 중에도 'I'll be loving you.'(by New Kids On The Block) 'I'll be missing you.'(by Puff Daddy) 등 미래진행시제를 사용한 제목이 많이 있다.

[2] 이런 이유 때문에 동명사와 부정사를 배우는 거

주요성분별로 들어가는 품사가 일정한데 문제는 구와 절이다. 이미 언급했다시피 구와 절은 단어가 의미와 성격에 따라 8품사로 나누어지듯이 구와 절 또한 품사가 나누어진다. 명사역할을 하면 명사구, 명사절, 형용사 역할을 하면 형용사구, 형용사절이라고. 문장의 주요성분만 가지고 문장을 만들 때도 복잡해지는 이유가 바로 여기에 있는 것이다.

Unit 36 수량을 나타내는 표현

Grammar in DIALOG

A Where are you going?
B I'm going to my band practice.
A I didn't know you played in a band.
B I just started it a couple of weeks ago.

A 어디 가?   B 밴드 연습하러 가는 중이야.
A 네가 밴드연주하는 줄 몰랐네.   B 시작한지 2-3주밖에 안돼.

 POINT

1 수를 나타내는 few/ a few/ a couple of/ several/ many/ a number of

few 거의 없는	There were **few** people in the park. 공원에 사람이 거의 없었다.
a few 약간의	There are **a few** things you have to know. 네가 알아야 할 것이 몇 가지 있어.
a couple of 둘 셋의	Can you stay **a couple of** days longer? 이삼일 더 머무를 수 있어?
several 몇몇의	**Several** students didn't come to class. 몇몇 학생이 수업에 오지 않았다.
many 많은	"Are there **many** opera houses in Korea?" "No, not many." 한국에는 오페라 하우스가 많이 있나요? 아니오, 많이 없어요.
a number of 수많은	**A number of** people disagree. 많은 사람들이 반대한다.

(more tips!) **few**

few는 '(수가) 거의 없는'이라는 뜻으로 셀 수 있는 명사 앞에 오면서 부정의 뜻을 지니고 있음에 유의한다.

There are few eggs in the fridge. 냉장고에 계란이 거의 없다.

Few people think that prices will get stabilized.
물가가 안정될 거라고 생각하는 사람들은 거의 없다.

(more tips!) **a number of 와 the number of 비교**

「a number of+복수명사」는 '많은 수의 ~'라는 뜻으로 복수취급하며「the number of+복수명사」는 '~의 수'라는 뜻으로 단수취급한다.

A number of languages are used in the world.
세계적으로 많은 언어가 쓰여지고 있다.

The number of languages used in the world is not known exactly. 세계적으로 쓰이는 언어의 수는 정확히 알려지지 않았다.

2 양을 나타내는 little/ a little/ much/ a great deal of

little 거의 없는	Cactuses need **little** water. 선인장은 물이 거의 필요 없다.
a little 약간의	Give the roses **a little** water every other day. 그 장미꽃에는 이틀에 한 번 물을 조금씩 주어라.
much 많은	I didn't eat **much** breakfast. 나는 아침식사를 많이 먹지 않았다.
a great deal of 다량의	We need **a great deal of** time to finish the project. 그 프로젝트를 완성하기 위해 우리는 많은 시간이 필요하다.

(more tips!) much는 부정문에서 더욱 자연스럽다. 긍정문에는 a lot of(lots of)를 주로 쓴다. a lot of(lots of) 다음에는 셀 수 있는[없는] 명사가 다 올 수 있다.

<비교>

I spent a lot of money. 나는 많은 돈을 썼다.

I didn't spend much money. 나는 많은 돈을 쓰지 않았다.

3 a number of와 함께 a great deal of는 딱딱한 표현으로 구어체에서 자주 쓰이는 표현은 아니다.

4 수와 양을 모두 나타내는 no/ some/ any/ a lot of/ lots of/ plenty of

no (not a/not any)	Sorry, I've got **no** time. 미안하지만, 시간이 없어. **No** cigarette is completely harmless. 완전히 무해한 담배는 없다. He has **no** brothers. 그는 형제가 없다.
some 약간의 (긍정문, 상대방에게 Yes라는 대답을 기대하는 의문문) **any** 약간의 (부정문, 의문문, 조건문)	Mary has got **some** interesting ideas. Mary는 흥미로운 의견을 가지고 있다. Could I have **some** coffee? 제가 커피 좀 마실 수 있을까요? I don't need **any** help. 나는 아무런 도움도 필요하지 않다. Do you know **any** good jokes? 재미있는 농담 좀 아니? If you find **any** mistakes, let me know. 실수를 발견하면 알려줘요.
a lot of/lots of 많은	I have **a lot of** friends to hang around with. 나는 어울리는 친구들이 많다. You have **a lot of** work to do. 너는 할일이 많아.
plenty of 많은	There are **plenty of** nice restaurants in this city. 이 도시에는 좋은 음식점이 많이 있다. Have you got **plenty of** time? 시간 많이 있니?

영어로 말해보기

1 공원에 사람이 거의 없었다.   **There were few people in the park.**

2 몇몇 학생이 수업에 오지 않았다.   **Several students didn't come to class.**

3 나는 아침식사를 많이 하지 않았다.   **I didn't eat much breakfast.**

4 Mary는 흥미로운 의견을 좀 가지고 있다.   **Mary has got some interesting ideas.**

5 너는 재미있는 농담 좀 아니? (good jokes) **Do you know any good jokes?**

102

[1] for와 since

for와 since는 각각 「…동안」, 「…이래로」란 의미상 현재와 과거의 사실을 함께 표현하는 현재완료와 궁합이 잘 맞는 것들. 하지만 이 둘은 명확하게 구별해야 한다. 즉, for가 행위의 '지속기간'을 나타내는 반면 since는 '시점'을 알려준다는 말씀. 따라서 for 뒤에는 주로 two weeks, my vacation 등 기간명사가 오는 반면 since 뒤에는 시각, 연도를 나타내는 시점명사, 또는 특정 시점을 표현하는 과거시제(got married)의 절이 이어지게 된다. 그렇다고 for가 과거시제와 어울릴 수 없다고 단정하진 말 것. 다음 두 예문은 모두 하자가 없는 문장으로, 첫번째 것은 「2주 전부터 지금까지」 아프다는 뜻이고, 두번째는 현재와는 무관하게 그저 「과거에 2주 동안」 아팠다는 단순한 사실을 나타낸다.

He has been sick for two weeks. 그 친구는 2주일째 아프다.

He was sick for two weeks. 그 친구는 2주 간 앓았었다.

[2] I suggest that S+V

상대방에게 충고와 제안을 할 경우 「I suggest that 주어+동사원형」 형태를 쓰기도 한다.

I suggest that you take a vacation. 나는 네가 휴가를 갖기를 권한다.

Mary suggested that I buy some new clothes.

Mary는 나에게 새 옷을 좀 사라고 권했다.

They suggested that I get a job in a bank.

그들은 나에게 은행에 취직하라고 권했다.

A **Can I still get tickets for tonight's *performance?**
B **The front balcony is still available.**
A **Aren't there any other seats?**
B **No, I'm afraid not.**
　　*performance 공연

A 아직 오늘 공연표 살 수 있나요?　B 윗층의 전면발코니 자리만 있어요.
A 다른 좌석은 없나요?　　　　　　B 네, 없는데요.

 POINT

1 both (of)/ either (of)/ neither (of)

　*ⓓ determiners – a, the, my, this와 같은 명사 앞에 붙는 한정사를 뜻함.

「**both** (of+ⓓ)+복수명사」 둘 다	**Both (of)** my parents were born in Seoul. 우리 부모님 두 분 모두 서울에서 태어나셨다. **Both (of)** films were very good. 두 편의 영화가 모두 다 좋았다.
「**either**+단수명사」 「**either of**+ⓓ+복수명사」 둘 중 하나	Come on Monday or Tuesday. **Either** day is OK. 월요일이나 화요일에 와요. 아무 날이나 좋아요. You can use **either of** the phones. 두 전화 중 아무거나 사용해도 좋아요.
「**neither**+단수명사」 「**neither of**+ⓓ+복수명사」 둘 다 ~아니다	"Can you come on Saturday or Sunday?" "I'm afraid **neither** day is possible." 토요일이나 일요일에 올 수 있니? 유감이지만 둘 다 안돼. **Neither of** my friends came to see me. 내 친구들 중 아무도 나를 보러 오지 않았다.

2 another/ other

「**another**+단수명사」 (또) 다른~ (**=additional, extra**)	**Another** day has gone. 또 하루가 지나갔다. Could I have **another** piece of bread? 빵 한 조각 더 먹을 수 있을까요?
「**other**+복수명사」 다른~ *other 앞에 one, any, no 등이 오는 경우 단수명사와 같이 쓰기도 한다.	Can you show me some **other** shoes? 다른 신발 보여줄래요? Where are the **other** people? 다른 사람들은 어디 있어? There is **no other** use for it. 그것 외에는 다른 용도가 없다.

(**more tips!**) another 다음에 'few'나 '숫자'가 올 경우 다음에 복수명사가 올 수 있다.

I'm staying for another **few weeks.** 나는 몇 주 동안 더 머무를거야.
I'm staying for another **three weeks.** 나는 3주 동안 더 머무를거야.

3 all/ every/ half/ each

「**all**+셀 수 있는/없는 명사」 모든 「all (of)+ⓓ+셀 수 있는/없는 명사」 ~의 모두 *명사에 따라 단수/복수취급	**All** men are equal. 모든 사람은 평등하다. I drank **all (of)** the milk. 나는 우유를 다 마셨다.
「**every**+셀 수 있는 명사의 단수형」 모든 *항상 단수취급	**Every** light was out. 모든 전기가 나갔다. **Every** room is being used. 모든 방이 사용 중이다.
「**half** (of+ⓓ)+셀 수 있는/없는 명사」 절반의	**Half (of)** my friends got married. 내 친구 중 절반은 결혼했다. *양이나 거리를 나타낼 때는 of를 쓰지 않는다. Give me **half** a glass of water. 물 반잔 줘. Give me **half** of a glass of water.(X)
「**each**+단수명사」 「**each of**+ⓓ+복수명사」 각각(의) *항상 단수취급	I enjoy **each** moment. 나는 매순간을 즐긴다. I write to **each of** my friends a couple of times a month. 나는 한 달에 두 세 번씩 각각 친구에게 편지를 쓴다.

4 most (of)

「**most**+셀 수 있는/없는 명사」 대부분(의) 「**most of**+ⓓ+셀 수 있는/없는 명사」~의 대부분	**Most** Swiss people understand French. 대부분의 스위스 사람들은 불어를 이해한다. **Most** cheese is made from cow's milk. 대부분의 치즈는 소의 젖으로 만들어진다. **Most of** my friends live in San Francisco. 내 친구들 중 대부분은 샌프란시스코에 산다. We've eaten two sandwiches and **most of** a cold chicken. 우리는 샌드위치 두개와 식은 닭고기를 거의 다 먹었다.

(**more tips!**)　보통 수량표현 all이나 most는 뒤에 불특정한 명사가 오면 of를 붙이지 않고 the, this, that, my, your 등의 한정을 받는 특정한 명사가 와서 의미가 제한되는 경우 of를 붙인다.

All children like chocolate. 모든 아이들은 초콜릿을 좋아한다.
All of the children like chocolate. 그 아이들 모두는 초콜릿을 좋아한다.

Most people like shopping. 대부분의 사람들은 쇼핑을 좋아한다.
Most of the people like shopping.
그 사람들 중 대부분이 쇼핑을 좋아한다.

영어로 말해보기

1 월요일이나 화요일에 와요. 아무 날이나 좋아요.　**Come on Monday or Tuesday. Either day is OK.**

2 내 친구들 중 아무도 나를 보러 오지 않았다.　**Neither of my friends came to see me.**

3 다른 신발 좀 보여줄래요?　**Can you show me some other shoes?**

4 대부분의 치즈는 소의 젖으로 만들어진다.　**Most cheese is made from cow's milk.**

5 모든 방이 사용 중이다.　**Every room is being used.**

[1] tired와 tiring

과거분사, 현재분사는 모두 형용사의 역할을 할 수 있다. 하지만 tired와 tiring과 같은 단어는 해석을 할 때 주의해야 한다. 현재분사로 사용된 경우에는 능동적인 의미가 강조되어 「지치게 하는」으로 해석이 되고 과거분사인 tired는 무엇으로 인해 「지친」이라는 수동적인 의미로 쓰이게 된다. 아무 생각없이 쓰이면 문맥상 매끄럽게 해석되지 않으니 명심. 밤 늦게까지 야근을 하고 나서 지쳤다는 뜻으로 "I' am tired"라고 할 것을 "I' am tiring"해버리면 「난 남을 지치게 만드는 사람입니다」라는 이상한 고백이 되는 것이다. 이외에도 헷갈리면 안되는 쌍들이 있는데, interested / interesting, bored / boring, excited / exciting 등이 바로 그것들이다.

[2] 분사구의 부정

분사앞에 not이나 never을 붙인다.

Not knowing his e-mail address, I couldn't contact him.

(← Since I didn't know his e-mail address,)

그의 이메일 주소를 알지 못했기 때문에 그에게 연락을 할 수 없었다.

[3] 「by+행위자」를 생략하는 경우

행위자가 누구인지 중요하지 않거나 모르는 경우 또는 막연한 일반인인 경우에 생략한다.

This building was built in 2022. 이 빌딩은 2022년에 지어졌다.

Chinese is spoken in Singapore. 중국어는 싱가폴에서 쓰인다.

💬 Grammar in DIALOG

A   **Describe the picture.**
B   **It's a beautiful day. A woman is waiting for a taxi. She has a cell phone in her hand. A boy is standing next to her. He's wearing a hat.**

A 그림을 묘사해봐요. B 날씨가 좋아요. 여자가 택시를 기다리고 있구요. 그녀는 손에 핸드폰을 들고 있어요. 소년이 그녀 옆에 서 있어요. 그는 모자를 쓰고 있네요.

 POINT

1   부정관사 a는 셀 수 있는 단수 명사와 함께 쓴다. 이때 명사가 모음(a,e,i,o,u)으로 시작하면 an을 쓴다.

Do you want an apple or a pear?
너는 사과를 원하니 아니면 배를 원하니?

She bought a raincoat and an umbrella. 그녀는 우비와 우산을 샀다.

<주의> **an hour, an honest person, a one way street,**
         h: 묵음   발음: 반자음[w]

         a European country, a university
             발음: 반모음[j]

2   a/an은 다양한 의미로 쓴다.

● 불특정한 하나(특별히 해석할 필요 없다.)

: **Tom lives in an apartment.** Tom은 아파트에 산다.

● 하나(=one)

: **I couldn't say a word.** 나는 한 마디도 할 수 없었다.

● ~마다(=per)

: I work five days a week. 나는 일주일에 5일 일한다.

Heather works eight hours a day, five days a week.
Heather는 하루에 여덟 시간, 일주일에 5일 일한다.

● 같은(=the same)

: We are of an age. 우리는 같은 나이다.

3 대표명사를 나타낼 때 쓴다.

A **rose is beautiful.** (=Roses are beautiful.) 장미는 아름다워.

An **apple tastes good.** (=Apples taste good.) 사과는 맛이 좋다.

A **fox is a very cunning animal.** 여우는 매우 교활한 동물이다.

(**more tips!**) 대표명사를 나타내는 방법은 주로 「a+단수명사」, 「복수명사」, 「무관사
+셀 수 없는 명사」 등이다.

4 무슨 종류인지 말하거나 직업명을 나타낼 때 앞에 a/an을 쓴다.

Tennis is a sport. 테니스는 스포츠다.

A rose is a flower. 장미는 꽃이다.

Mark is a mechanic. Mark는 기계 수리공이다.

A glider is a plane with no engine. 글라이더는 엔진이 없는 비행기이다.

"What do you do?" "I'm a teacher." 당신 직업이 뭐죠? 선생님이에요.

"What does Tom do?" "He's a fire fighter."
Tom은 직업이 뭐죠? 소방관이에요.

5 특정한 상황의 명사 앞에

I had a big lunch. 나는 점심을 많이(잘) 먹었다.

We had a wonderful time. 우리는 멋진 시간을 보냈다.

영어로 말해보기

1 나는 아파트에 산다.   **I live in an apartment.**
2 나는 여기에 일본인 친구가 한 명 있다.   **I have a Japanese friend here.**
3 나는 일주일에 5일 일한다.   **I work five days a week.**
4 우리는 같은 나이다.   **We are of an age.**
5 Tom은 소방관이야.   **Tom is a fire fighter.**

Unit 39   정관사

💬 Grammar in DIALOG

A **What did you buy?**
B **I bought a watch.**
A **Is the watch made in Switzerland?**
B **Yes, it is.**

A 너 뭐 샀니?   B 나는 시계를 샀어.
A 그 시계 스위스제니?   B 응, 맞아.

✏ POINT

1   정관사 the 는 '그'라는 뜻으로 서로 알고 있을 만한 명사 앞에 붙인다.
앞에 나온 명사를 되풀이해서 말할 때 쓴다.

I bought a skirt. The skirt was very cheap and good.
치마를 샀는데. 그 치마는 매우 싸고 좋았어.

● 어느 것을 가리키는지 알 수 있을 때 쓴다.
I'll get the phone. 내가 전화 받을께.

● 명사가 수식어의 꾸밈을 받을 때 쓴다.
The book on the desk is mine. 책상 위에 있는 책은 내꺼야.
              수식어

The man in black is my teacher. 검정옷을 입은 저 남자가 우리 선생님이야.
           수식어

● 형용사의 최상급, 서수, only, same 등이 명사를 꾸며줄 때 쓴다.
Who is the best player on your team? 너희 팀에서 누가 제일 잘하니?
I live on the fifth floor. 나는 5층에 살아.
Tom is the only man for this job. Tom이 이 일에 적합한 유일한 사람야.

110

We have the same **taste.** 우리는 취향이 같다.

● 세상에서 유일한 것이나 방위 앞에 쓴다.

the **sun,** the **moon,** the **world,** the **sky,** the **ground,** the **ocean,** the **country,** the **north,** the **south,** the **west,** the **east** 등

The sun **rises in** the east. 해는 동쪽에서 뜬다.

● by 다음에 단위를 나타낼 때 쓴다.

My father gets paid by the week. 아버지는 주급을 받으신다.

2 운동경기, 식사명, 장소를 나타내는 고유명사 앞에는 the를 붙이지 않는다.

Let's play soccer/ baseball/ basket ball. 축구/야구/농구하자.

* 악기명 앞에는 the를 붙인다. **I played** the piano.

Let's have breakfast/ lunch/ dinner. 아침/점심/저녁 먹자.

Let's go to France/ Burger King/ Asia 프랑스/ 버거킹/ 아시아에 가자.

3 next/last 다음에 week/month/year/winter/Monday/Christmas 등이 올 때는 앞에 the를 붙이지 않는다.

I went to Europe last Christmas. 나는 지난 크리스마스에 유럽에 갔다.

See you next **Friday.** 다음 금요일에 만나자.

4 「the+형용사」는 '~한 사람들'을 뜻하며 복수 취급한다.

The rich **are not always happy.** 부자라고 항상 행복한 것은 아니다.

영어로 말해보기

1	내가 전화 받을께.(get)	**I'll get the phone.**
2	너희 팀에서 누가 제일 잘하니?	**Who is the best player on your team?**
3	나는 5층에 살아.	**I live on the fifth floor.**
4	나는 지난 크리스마스에 유럽에 갔었어.	**I went to Europe last Christmas.**
5	부자라고 항상 행복한 것은 아니야.	**The rich are not always happy.**

💬 Grammar in DIALOG

A **I'd like to fly to Dallas on Sunday, the 21st.**
B **Just a minute and I'll see if there are any flights.**
A **I'd like to travel first class.**
B **OK. We have a nonstop flight leaving at 8:30 PM.**

A 21일 일요일 댈러스행 비행기를 타고 싶은데요.
B 잠시만요, 비행편이 있는지 확인해볼게요.
A 일등석으로 할게요.   B 넵. 오후 8시 30분에 출발하는 직행편이 있습니다.

 POINT

1 다음의 장소를 나타내는 명사를 쓸 경우 그 본래의 목적을 가질 때 생략

> **to/at/from** school, university, church, work(직장)
> **to/in/out of** bed, hospital, prison(감옥)

She's in prison. 그녀는 수감되어 있다.

You should be in bed. 너는 (침대에서) 쉬어야 해.

*명사본래의 목적에서 벗어난 뜻으로 쓰일 경우 the를 생략하지 않는다.

<비교>

Tom is in hospital. Tom은 병원에 있다.(입원했다.)

Tom works as a cook in the hospital. Tom은 병원에서 조리사로 일한다.

(more tips!)

정관사(the)를 생략하는 장소명사	정관사(the)를 붙이는 장소명사
대륙, 대부분의 나라 Africa, Japan 주, 도시이름 Wisconsin, Chicago 거리/공원 Central Park, Broadway 호수, 섬, 산이름 Hawaii, Everest	대양, 바다, 강, 사막 the Red Sea, the Nile 호텔, 박물관 the Hyatt (Hotel), the Louvre 나라의 공식 이름/복수국가명 the United States, the Netherlands, the Philippines

2 식사/ 요일/ 달/ 명절 이름 앞에서 생략

have breakfast/lunch/dinner	on Monday/ Thursday
in January/ February	at Christmas/ Easter

I've just had lunch. 나는 금방 점심을 먹었어.

Let's meet on Monday. 월요일에 만나자.

3 「by+교통수단」의 경우 생략

구체적인 차량이 아니라 일반적인 교통수단을 말할 경우 관사를 생략한다.

by bus/taxi/bike/plane/car/train/subway	on foot

I usually go to school by bus. 나는 보통 버스를 타고 학교에 다닌다.

It takes an hour on foot. 걸어서 1시간 걸려.

4 반복되거나 대조되는 「명사+명사」의 경우 생략

한 명사가 반복되거나 대조적인 두 명사로 이루어진 고정적인 표현은 관사를 생략한다.

with knife and fork 나이프와 포크로	day after day 날마다
from top to bottom 위에서 아래까지	inch by inch 조금씩

The pair were walking arm in arm. 두 사람은 팔짱을 끼고 걷고 있었다.

5 「Mr./Mrs./Doctor/President/Aunt 등+이름」 앞에서 생략

Mr. Smith	Doctor Smith	Uncle Tom	Professor Kim

Uncle Tom **visited us.** Tom 삼촌이 우리를 방문했다.

6 관용적인 관사 생략

on TV 텔레비전에서	in fact 사실상	on fire 화재가 나서

What's on TV? TV에서 뭐하니?

영어로 말해보기

1 학교는 9시에 시작한다. **School starts at 9:00.**
2 나는 금방 점심을 먹었어.(I've~, have) **I've just had lunch.**
3 월요일에 만나자. **Let's meet on Monday.**
4 우리는 부산에 기차를 타고 갔다. **We went to Busan by train.**
5 사실상 우리는 충분한 돈이 없다. **In fact, we don't have enough money.**

Unit 41　There+be동사+명사

Grammar in DIALOG

A I'm so thirsty.
B There is some juice on the table.
A Isn't there any water?
B There might be some water in the fridge.

A 나 목말라.　　　B 테이블에 주스가 좀 있어.
A 물은 없니?　　　B 냉장고에 좀 있을거야.

POINT

1 「There+be동사+명사」는 '~가 있다'라는 뜻으로 이 때 There~는 해석하지 않는다.

There is some coke in the fridge. 냉장고에 콜라가 좀 있다.
I like Chicago. There is a beautiful lake there.
나는 시카고를 좋아한다. 거기에는 아름다운 호수가 있다.
There are a lot of people in the park. 공원에 사람들이 많다.
There are a few things you have to know.
네가 알아야 할 것이 몇 가지 있어.

2 시제와 따라오는 명사의 수에 따라 be동사를 변형시킨다.

● 과거
There was a party last night. 어제밤 파티가 있었어요.
There were thousands of people at the concert.
콘서트에 수천 명이 있었다.

● 현재완료
There has been a lot of snow here. 여기에 눈이 많이 왔었어.
There have been a lot of car accidents here.
여기 차사고가 많이 났었어.

114

● 현재

There is **an apple in the basket.** 바구니에 사과가 하나 있다.

There are **some oranges in the basket.** 바구니에 오렌지가 좀 있다.

● 미래

There will be **a lot of snow this winter.** 올겨울에 눈이 많이 올거야.

There is going to be **a meeting on Monday morning.**
월요일 아침에 회의가 있을 예정이다.

3 부정문은 be 동사 다음에 not을 쓴다.

There isn't **any good movie on TV tonight.**
오늘밤 TV에서 좋은 영화가 없다.

There aren't **any grammatical errors in your essay.**
네 에세이에 문법적인 오류는 없어.

4 의문문은 「Is/Are there~?」로 쓰고 대답은 「Yes, there is/are.」로 한다.

Is there **an *ATM around here?** 현금지급기가 근처에 있나요?
*ATM: Automated Teller Machine

Yes, there is./No, there isn't.

Are there **any movie theaters around here?** 근처에 영화관 있나요?

Yes, there are./No, there aren't.

<hr>

영어로 말해보기

1 공원에 사람들이 많아.
   There are a lot of people in the park.
2 오늘밤 TV에서 좋은 영화가 전혀 없어.
   There isn't any good movie on TV tonight.
3 아이스크림 좀 있니?
   Is there any ice cream?
4 콘서트에 수천 명이 있었어.(thousands of~)
   There were thousands of people at the concert.
5 여기에 눈이 많이 왔었어. (a lot of)
   There has been a lot of snow here.

Chapter 06 대명사

인칭대명사와 지시대명사

 Grammar in DIALOG

A **I'm going to Florida.**
B **Wow, Great! Florida is famous for its beaches.**
A **Yes, It's a beautiful place.**
B **I envy you.**

A 나 Florida 간다.   B 와, 멋지다! Florida는 해변이 유명하잖아.
A 응, 아름다운 곳이지.   B 네가 부럽다.

 POINT

1 대명사는 명사를 대신해서 쓰는 말이다.

   Cindy is a teacher. She teaches English.
   Cindy는 선생님이다. 그녀는 영어를 가르친다.

   Eric is a student. He's from Canada.
   Eric은 학생이다. 그는 캐나다 출신이다.

2 대신하는 명사가 사람일 때 인칭대명사를 쓴다. 이 때 it은 동물이나 물건을 가리
   킨다.

인칭대명사의 변화		주격	소유격	목적격	소유대명사
		~은/는/이/가	~의	~을, 에게	~의 것
1인칭	나	I	my	me	mine
	우리	we	our	us	ours
2인칭	너	you	your	you	yours
	너희들	you	your	you	yours
3인칭	그	he	his	him	his
	그녀	she	her	her	hers
	그것	it	its	it	x
	그들	they	their	them	theirs

3 지시대명사 이것(this)/이것들(these)은 물리적, 심리적으로 가까운 사람이나 사물을 가리킬 때 쓴다.

What's this? It's a rose. 이것은 무엇이니? 그것은 장미야.

What are these? They are lilies.
이것들은 무엇이니? 그것들은 백합들이야.

4 저것(that)/저것들(those)은 물리적, 심리적으로 먼 사람이나 사물을 가리킬 때 쓴다.

Is that Mary? Yes, it is. 저 사람이 Mary니? 응, 그래.

Are those your parents? Yes, they are.
저분들이 너희 부모님이시니? 응, 그래.

5 this, these, that, those는 지시형용사로 쓰여 명사를 꾸며 주기도 한다.

I want this book. 나는 이 책을 원한다.

I want these books. 나는 이 책들을 원한다.

That girl is my daughter. 저 여자애가 내 딸이다.

Those girls are my daughters. 저 여자애들이 내 딸들이다.

영어로 말해보기

1 나는 그의 전화번호를 몰라.   **I don't know his phone number.**
2 나는 내 여자친구에게 그것을 받았어.(get)   **I got it from my girlfriend.**
3 내가 그녀의 것을 가져왔어.(bring)   **I brought hers.**
4 저것은 너의 우산이니?   **Is that your umbrella?**
5 그 문제들은 꽤 어려워.(pretty)   **Those questions are pretty difficult.**

A **Let's go to a Japanese restaurant. I feel like eating Sushi.**

B **Good. Let's find one.**

A **Let me take out some money first. Is there an ATM near here?**

B **Yes, there's one on the corner.**

A 일식집에 가자. 스시가 먹고 싶어.   B 좋아. 찾아 보자.

A 돈 먼저 찾을게. 가까운 곳에 현금지급기 있나?   B 응, 코너에 있어.

 POINT

1 부정대명사는 특별히 정해지지 않은 사람이나 사물을 가리킬 때 **쓴다.**

one, some, any, -body, -one, -thing, all, none, both, either, neither 등이 이에 속한다.

● one 하나: 같은 종류의 사람이나 사물

"Do you have a pen?" "Yes, I have one."(=a pen)
너 펜 있니? - 응, 하나 있어.

● some, any 몇몇/ 약간 :
some- 막연한 수량(약간)을 나타내고 주로 긍정문에 쓰임. any-의문문에서 막연한 수량(약간)을 나타내고 부정문에서는 not과 함께 '전혀~않다'라는 뜻으로 쓰임.

I didn't eat any cookies, but Liz ate some.(=some cookies)
나는 과자를 안 먹었지만 Liz는 좀 먹었다.

● -body, -one, -thing 누군가, 어떤 것:
긍정문은 some-을 부정문과 의문문은 any-를 쓰는데 상대방에게 권유할 때는 some-을 쓴다.

"Somebody(or Someone) wants to see you."

"I'm sorry, but I don't want to see anybody(or anyone) now." 누군가 너를 보고 싶어하는데. 미안하지만 지금은 아무도 보고 싶지 않아.

● all, none 모두, 하나도~아님:
「all」 또는 「all +of +the+명사」 형태로 쓰기도 한다.

All are happy. 모두가 행복하다.

I invited all of my friends to my birthday party.
나는 내 생일파티에 내 친구 모두를 초대했다.

● both, either, neither 둘 다, 둘 중 어느 것이나, 둘 중 어느 것도 아닌 것 :
「both/either/neither」 또는 「both/either/neither+of the+명사」 형태로 쓰기도 한다.

I have two sisters. Both are in the United States.
두 언니가 있는데 둘 다 미국에 살아요.

Here or to go? You can take either.
여기서 드실래요, 포장해 가실래요? 둘 중하나 선택하실 수 있어요.

Neither of my parents speaks English.
부모님 두 분다 영어를 못하신다.

2 부정대명사 some, any, all, both, either, neither 등은 형용사 역할을 하기도 한다.

"Is there any milk in the fridge?" "No, there is some juice."
냉장고에 우유 좀 있어? 아니, 주스가 좀 있어.

All children need love. 모든 아이들은 사랑을 필요로 한다.

Come to my place on Monday or Tuesday. Either day is fine with me. 우리 집에 월요일이나 화요일에 와. 나는 둘 중 아무 날이나 좋아.

영어로 말해보기

1 이 사과는 정말 맛이 좋아요. 하나 줄까? **These apples taste really good. Would you like one?**

2 "돈이 좀 필요해?" "아니 전혀 필요하지 않아." **"Do you need any money?" "No, I don't need any."**

3 누군가 너를 보고 싶어하는데.(-body) **Somebody wants to see you.**

4 무슨 일인가 일어났어.(something) **Something happened.**

5 Here or to go? 당신은 둘 중하나 선택하실 수 있어요.(take) **You can take either.**

재귀대명사

A **Look at** yourself **in the mirror. You look terrible.**

B **I fell down and hurt** myself **on my way here.**

A **Oh, your knee is bleeding. I think you'd better see a doctor.**

B **No, I'm going to put some iodine on it. That'll be OK.**

*iodine 소독약

A 너를 거울에 비추어봐. 너 끔찍해 보여.   B 여기 오다가 넘어져서 좀 다쳤어.
A 네 무릎에서 피나고 있어. 병원에 가는게 좋겠어.
B 아니. 소독약이나 좀 바를 거야. 그럼 괜찮아 질거야.

POINT

1 재귀대명사란 '~자신'이라는 뜻으로 주어를 다시 목적어로 쓰거나 주어나 목적어를 강조할 때 쓴다.

I - myself		you - yourself
he - himself	she - herself	it - itself
you - yourselves	we - ourselves	they - themselves

2 주어를 다시 목적어로 쓰는 경우 쓴다.

재귀대명사를 사용하는 가장 흔한 경우로 문장 안에서 주어와 목적어가 같을 때 쓴다.

I cut myself. 나는 (칼에) 베었다.

Cindy looked at herself **in the mirror.** (herself=Cindy)
그녀는 그녀 자신을 거울에 비춰보았다.

John cut himself **shaving this morning.**

122

John은 오늘 아침 면도를 하다가 베었다.

Look at yourself in the mirror. 거울 속 자신을 봐.

We took a bath and dried ourselves. 우리는 목욕하고 몸을 말렸다.

My friends and I had a great time at the party. We enjoyed ourselves. (ourselves=my friends and I) 친구들과 나는 파티에서 즐거운 시간을 보냈다. 우리는 즐겼다.

3 주어나 목적어를 강조하는 경우 쓴다.

강조할 경우 '다른 사람/것이 아니라 바로 그 사람/것'이라는 뜻으로 재귀대명사를 문장 끝이나 강조하고자 하는 명사 뒤에 쓴다. 이때 강조할 필요가 없을 경우 재귀대명사는 생략 가능하다.

I want to do it myself. ('I'를 강조)
나는 직접 그것을 하고 싶다.

The house itself was humble, but the garden was beautiful.
(The house를 강조) 집 자체는 변변치 않았지만 정원은 아름다웠다.

It's cheaper if you do it yourself. 네가 직접 하면 더 저렴해.

The shirt itself looks nice, but it's too expensive.
그 셔츠 자체는 멋있어 보이는데 너무 비싸.

4 재귀대명사를 이용한 표현은 다음과 같다

by oneself : 홀로	**for oneself** : 혼자 힘으로
say(talk) to oneself : 혼잣말하다	**of itself** : 저절로
in itself : 본래	**enjoy oneself** : 즐기다
help oneself : 마음껏 먹다	**make oneself at home** : 편히 있다
	(=make oneself comfortable)

영어로 말해보기

1 너 자신을 봐.   **Look at yourself.**
2 내가 직접 그것을 하고 싶어.   **I want to do it myself.**
3 나는 혼자 산다.   **I live by myself.**
4 마음껏 먹어.(yourself)   **Help yourself.**
5 편안히 있어.(yourself)   **Make yourself at home.**

Unit 45　it 의 특별한 쓰임

💬 Grammar in DIALOG

A　**It's freezing.**
B　**Yes, it is. What time is it?**
A　**It's ten to four. We've waited for Diane for about an hour.**
B　**We'd better go. I think she forgot our appointment.**
A　**OK. There comes the bus. Let's just go.**

A 너무 춥다.　　　　　　　　B 응, 그래. 몇 시야?
A 3시 50분이야. 우리가 Diane을 한 시간 동안 기다렸어.
B 우리 가는 편이 낫겠다. 그녀는 우리 약속을 잊은 것 같아.
A 그래. 저기 버스 오네. 그냥 가자.

 POINT

1　막연한 시간, 요일, 날짜, 날씨, 거리, 상황 등을 가리킬 때 'it'을 쓴다. 이 때 'it'은 해석하지 않는다.

시간
"What time is it?"　"It's a quarter to seven."
몇 시야? 6시 45분이야.
It's nine thirty. 9시 30분이다.

날씨
"How's the weather?" 날씨가 어때?
It's freezing out there. 밖에 몹시 춥다.

- **"It's hot/ warm/ cool/ chilly**(쌀쌀한)**/ cold/ freezing**(얼어붙는)**/ dry/ humid**(습기찬)**/ sunny/ foggy**(안개낀)**/ windy/ cloudy"** 등.

요일
"What's the day today?" "It's Wednesday."

124

오늘이 무슨 요일이야? 수요일이야.

It's Monday again. 또 다시 월요일이다.

날짜

"What date is it today?" "It's July 24th."

오늘이 몇일이야? 7월 24일이야.

"What month is it?" "It's February." 몇월이야? 2월이야.

It's January 1st. 1월 1일이다.

거리

"How far is it?" "It's about ten kilometers from here."

얼마나 멀어? 여기서 약 10km 정도야.

It's ten miles to the nearest bank. 가장 가까운 은행까지 10마일이다.

상황

"How is it going?" "It's going well." 어떻게 되어가? 잘되고 있어.

2   가주어 it은 주어가 길 때 그 자리에 쓰고 진짜 주어는 뒤로 보낼 수 있다.

주어나 목적어 자리에 부사 또는 절 형태가 와서 길어질 때 it을 대신 쓰고 진짜 주어나 목적어를 뒤로 보낸다. 이때 it 역시 해석하지 않는다.

To get up early is difficult. (to get up early-진짜주어)

→ **It's difficult to get up early.** 일찍 일어나는 것은 어렵다.

To see you is good. (to see you-진짜주어)

→ **It's good to see you.** 만나서 반갑다.

It's nice to talk to you. 너랑 얘기해서 좋아.

It was surprising you made it to the first class.

네가 1교시 제때에 갔다니 놀랍다.

We found it strange that she was absent for two weeks.

우리는 그녀가 두 주 동안 결석을 한 것은 이상하다고 생각했다.

영어로 말해보기

1	쌀쌀해.(chilly)	**It's chilly.**
2	후덥지근해.(hot and humid)	**It's hot and humid.**
3	7월 24일이야.	**It's July 24th.**
4	여기서 약 10km 정도 거리야.	**It's about ten kilometers from here.**
5	어떻게 되어가고 있어?	**How is it going?**

Chapter 07 형용사와 부사

💬 Grammar in DIALOG

A **What a nice dress!**
B **I wanted to wear something special today.**
A **You look good in it.**
B **Thank you.**

A 정말 멋진 드레스야!   B 오늘은 뭔가 특별한 것을 입고 싶었거든.
A 잘 어울린다.   B 고마워.

1 형용사는 사물이나 사람의 상태, 모양 등을 나타낸다.

   ● **big**(큰), **kind**(친절한), **terrific**(매우 좋은), **messy**(지저분한)

   ● **British**(영국의), **American**(미국의), **French**(프랑스의), **Dutch**(네덜란드의)

   ● **interesting**(흥미를 주는)/ **interested**(흥미를 느끼는), **tiring**(피곤하게 하
   는)/ **tired**(피곤함을 느끼는), **boring**(지루하게 하는)/ **bored**(지루함을 느끼는)

2 형용사가 명사를 앞에서 수식한다. [형용사+명사]

   Susan lives in a nice house. Susan은 좋은 집에서 산다.(명사 앞에서 수식)
   She has a beautiful smile. 그녀는 아름다운 미소를 가졌다.

3 명사가 something, anything, somebody, anybody, somewhere 등
   일 경우 형용사가 뒤에서 수식한다. [명사+형용사]

   I want to eat something new.
   나는 뭔가 새로운 것을 먹고 싶다.(명사 뒤에서 수식)

   She did something bad. 그녀는 나쁜 무언가를 했다.

   I met somebody new. 나는 새로운 누군가를 만났다.

128

more tips! 형용사가 단독이 아니고 다른 어구를 동반하고 있을 때

She gave me a glass full of milk. 그녀는 내게 우유가 담긴 잔을 줬다.

This is a letter written in English. 이 편지는 영어로 씌어져 있다.

4 우리말로 '비싼 시계'를 '시계가 비싸다'라고도 하듯이 be동사 다음 형용사를 쓸 수도 있다. [be동사(am/are/is)+형용사]

My brother is smart. 내 남동생은 똑똑하다.

These flowers are so beautiful. 이 꽃들은 정말 아름답다.

more tips! 대부분의 형용사는 명사 앞과 연결동사 뒤에 모두 올 수 있지만 예외가 있다. afraid, alive, alike, aware, ashamed, asleep, alone 등과 같은 형용사는 I'm afraid of being in the dark와 같이 연결동사 뒤에 와서 서술적으로만 사용되는 반면 main, only, live, mere, elder, former, upper, drunken 등의 형용사는 What is the main idea of this passage?와 같이 명사 앞에 와서 그 명사를 꾸미는 기능을 한다.

5 감각동사 다음에 와서 주어의 상태를 설명한다.

[감각동사(look/feel/smell/taste/sound)+형용사]

You look **tired.** 너 피곤해 보인다.

It feels **soft.** 그것은 부드러운 느낌이다.

It sounds **good.** 그것 좋게 들리는데.

6 「the+형용사」, 「the+국민명」

「the+형용사」는 '~사람들'이라는 뜻이고, 「the+국민명」은 '~나라 사람들'이라는 뜻으로 둘 다 복수취급한다.

• the young, the old, the rich, the poor, the sick, the deaf(청각장애자들), the handicapped(장애자들), the disabled(신체장애자들), the homeless(집 없는 사람들), the unemployed(실직자들), the jobless(실직자들)

• the English(영국사람), the Dutch(네덜란드사람), the Spanish(스페인 사람)

영어로 말해보기

1 그녀는 아름다운 미소를 가졌다. **She has a beautiful smile.**
2 우리는 나쁜 어떤 짓을 하지 않았다. **We didn't do anything bad.**
3 너 피곤해 보인다. **You look tired.**
4 뭔가 좋은 냄새가 난다.(good) **Something smells good.**
5 그 음악은 환상적으로 들린다.(fantastic) **The music sounds fantastic.**

- **boring** 지겹게 하는

  Janet's job is so boring.

- **tiring** 지치게 하는

  It has been a long and tiring day.

- **interesting** 흥미롭게 하는

  Did you meet anyone interesting at the party?

- **exciting** 신나게 하는

  I began to read the book, which was very exciting.

- **satisfying** 만족스럽게 하는

  All of our dishes were satisfying.

- **depressing** 우울하게 하는

  That was a depressing movie, wasn't it?

- **disappointing** 실망시키는

  The wine was excellent, but the food was disappointing.

- **shocking** 충격을 주는

  The news was shocking.

- **surprising** 놀라게 하는

  It was quite surprising that he passed the exam.

- **amazing** 놀라게 하는, 굉장한

  It was one of the most amazing films I've ever seen.

- **embarrassing** 당황하게 하는

  What was the most embarrassing moment in your life?

- **terrifying** 놀라게 하는, 무서운

  If something is terrifying, it makes you very frightened.

- **annoying** 짜증나게 하는

  You must have found my attitude annoying.

- **disgusting** 구역질나게 하는

  Smoking is a disgusting habit.

- **touching** 감동하게 하는

  It was a touching story.

- **bored** 지루한

  I'm bored with my job.

- **tired** 피곤한

  I'm always tired when I get home from work.

- **interested** 흥미있는

  Are you interested in fishing?

- **excited** 신나는

  I was really excited to see James.

- **satisfied** 만족스러운

  You should be satisfied with what you have.

- **depressed** 우울한

  People eat more when they're depressed.

- **disappointed** 실망한

  I was disappointed in the movie.

- **shocked** 충격받은

  I was shocked when I heard the news.

- **surprised** 놀란

  We were surprised that he passed the exam.

- **amazed** 몹시 놀란

  He was amazed at the sight.

- **embarrassed** 당황스러운

  I get embarrassed easily.

- **terrified** 무서워하는, 겁먹은

  He was terrified of heights.

- **annoyed** 짜증나는

  She was annoyed that the library was still closed.

- **disgusted** 구역질나는, 싫증난

  I am quite disgusted at his stupidity.

- **touching** 감동한

  I was touched when he gave me a present.

💬 Grammar in DIALOG

A **Where do we have a meeting?**
B **On the second floor.**
A **Are there a lot of people?**
B **There are some but not many. I think you'd
better hurry up.**

A 어디에서 우리 회의하죠? B 2층에서요.
A 사람들 많이 있어요?   B 좀 있는데 많이는 없어요. 서두르시는게 좋겠어요.

 POINT

1 수와 양을 표시하는 형용사는 셀 수 있는 명사와 셀 수 없는 명사 앞에서 구분하
   여 쓴다.

셀 수 있는 명사	셀 수 없는 명사
many (많은), a few(약간의), few(거의 없는)	much (많은), a little (약간의), little(거의 없는)
공통으로 사용 a lot of/ lots of(많은), some/any(약간의)	

more tips! some은 긍정문과 권유의 의문문에, any는 부정문과 의문문에 쓴다.

I have some cake. 나는 케익을 좀 가지고 있다.

Would you like some cake? 케익 좀 먹을래?

There isn't any juice. 주스가 전혀 없어.

Do you have any juice? 주스 좀 있니?

2 숫자를 나태내는 수사는 기본적인 수를 나타내는 기수와 순서나 서열을 나태내
   는 서수가 있다.

	기수	서수		기수	서수
1	one	first(1st)	18	eighteen	eighteenth(18th)
2	two	second(2nd)	19	nineteen	nineteenth(19th)
3	three	third(3rd)	20	twenty	twentieth(20th)
4	four	fourth(4th)	21	twenty-one	twenty-first(21st)
5	five	fifth(5th)	30	thirty	thirtieth(30th)
6	six	sixth(6th)	40	forty	fortieth(40th)
7	seven	seventh(7th)	50	fifty	fiftieth(50th)
8	eight	eighth(8th)	60	sixty	sixtieth(60th)
9	nine	ninth(9th)	70	seventy	seventieth(70th)
10	ten	tenth(10th)	80	eighty	eightieth(80th)
11	eleven	eleventh(11th)	90	ninety	ninetieth(90th)
12	twelve	twelfth(12th)	100	one hundred	one hundredth (100th)
13	thirteen	thirteenth(13th)	200	two hundred	two hundredth (200th)
14	fourteen	fourteenth(14th)	1000	one thousand	one thousandth (1,000th)
15	fifteen	fifteenth(15th)	만	ten thousand	ten thousandth (10,000th)
16	sixteen	sixteenth(16th)	백만	million	millionth
17	seventeen	seventeenth(17th)	십억	billion	billionth

영어로 말해보기

1 동경에는 눈이 많이 있니? **Is there much snow in Tokyo?**

2 내가 몇 분 후에 거기에 도착할거야. **I'll be there in a few minutes.**

3 여기 사람들이 거의 없어. (few) **There are few people here.**

4 Bob은 많은 돈을 번다.(make) **Bob makes a lot of(=lots of) money.**

5 토요일에는 수업들이 없어.(classes) **There aren't any classes on Saturday.**

Unit 48 　부사의 쓰임

💬 Grammar in DIALOG

A **How's the weather out there?**
B **It's raining heavily.**
A **Really? It was sunny in the morning.**

A 밖에 날씨 어때?　　B 비가 많이 와.　　A 정말? 아침에는 맑았었는데.

✎ POINT

1　부사는 동사, 형용사, 다른 부사, 또는 문장 전체를 수식한다.

● 동사수식
My family lives here. 나의 가족은 여기에 산다.

● 형용사수식
You are so beautiful. 너는 정말 아름답다.

● 다른 부사수식
I walked very carefully. 나는 매우 조심스럽게 걸었다.

● 문장 전체수식
Happily, he got all As. 기쁘게도 그는 전부 A를 받았다.

(more tips)　일반적으로 부사의 어순은 동사는 뒤에서 수식하고 형용사, 부사, 구, 절은 앞에서 수식한다.

2　대부분의 부사는 형용사에 '-ly'를 붙여서 쓴다.

happy → happily(행복한-행복하게)　easy → easily(쉬운-쉽게),
gentle → gently(부드러운-부드럽게)　extreme → extremely(극도의-극도로),
terrible → terribly(끔찍한-끔직하게)　sudden → suddenly(갑작스러운-갑자기)

(more tips)　-ly로 끝나는 형용사가 있음을 주의한다.

friendly(정다운), lovely(사랑스러운), ugly(못생긴, 추한), silly(어리석은) 등.

She gave me a friendly smile. 그녀는 나에게 정답게 미소지었다.

It is likely to rain. 비가 올 것 같다.

3 형용사와 부사의 형태가 같은 단어가 있다.

> **early**(이른-일찍)   **fast**(빠른-빠르게)   **late**(늦은-늦게)   **high**(높은-높게)
> **near**(가까운-가깝게) **right**(옳은-옳게)   **straight**(곧바른-곧바르게)

John's job is so hard. John의 일은 정말 힘들다.

John works so hard. John은 정말 열심히 일한다.

People like fast food. 사람들은 패스트푸드를 좋아한다.

People eat fast in Korea. 한국에서 사람들은 빨리 먹는다.

My father was late for work. 아버지가 회사에 늦으셨다.

My father came back home late. 아버지가 집에 늦게 돌아오셨다.

Karen is an early riser. Karen은 일찍 일어나는 사람이다.

Karen gets up early. Karen은 일찍 일어난다.

4 형용사에 -ly를 붙여 뜻이 달라지는 경우도 있다.

> **hard**(어려운) → **hardly**(거의~않다)   **near**(가까운) → **nearly**(거의)
> **late**(늦은) → **lately**(최근에)   **high**(높은) → **highly**(매우)

Success and hard work go together. 성공에는 고생이 따르기 마련이다.

I hardly know him. 나는 그를 거의 알지 못한다.

Am I late? 내가 늦었니?

I haven't seen Janet lately. 나는 최근에 Janet은 본 적 없다.

Prices are too high. 물가가 너무 높다.

영어로 말해보기

1 아버지가 집에 늦게 들어오셨다.   **My father came back home late.**
2 기차가 5분 늦게 도착했다.   **The train arrived five minutes late.**
3 John은 정말 열심히 일한다.(so)   **John works so hard.**
4 나 곧바로 거기에 갈게.(be, right)   **I'll be right there.**
5 다행히도 그녀는 시험에 합격했다.   **Fortunately, she passed the exam.**

Unit 49   부사의 종류

💬 Grammar in DIALOG

A **Do you ever play tennis?**
B **Yes, very often. I usually play tennis after work.**
A **Are you a good player?**
B **No, not really.**

A 당신은 테니스 치세요?   B 네, 매우 자주요. 일 끝나고 주로 치죠.
A 잘 치세요?   B 아니오, 별로요.

1 시간부사 before, after, now, then

   My brother came home 10 minutes ago.
   남동생이 10분전에 집에 왔다.
   I've never been to Hawaii before. 나는 전에 하와이에 가본 적이 없다.
   We're taking a break now. 우리는 지금 쉬고 있다.
   Things will be different then.
   (현재, 미래 모두 쓰임) 그때는 상황이 달라질거야.

2 장소부사 here, there, near

   I've lived here since 2021. 나는 2021년 이래로 여기에 살아왔다.
   I'll walk you there. 내가 거기에 너를 데려다 줄께.
   Do you live near here? 여기 근처에 사니?

3 빈도부사 always, usually, often, sometimes, rarely, hardly, never의
   위치는 일반동사의 앞이나 be동사 또는 조동사 다음에 온다.

   I must always get up early. 나는 항상 일찍 일어나야 한다.

I usually **have breakfast.** 나는 보통 아침을 먹는다.

I often **play basketball with my friends.**
나는 친구들과 자주 농구를 한다.

I sometimes **eat Chinese food.** 나는 가끔 중국 음식을 먹는다.

My father rarely **gets angry.** 아버지는 좀처럼 화를 내지 않으신다.

I'm hardly **late for school.** 나는 학교에 거의 늦지 않는다.

I never **cheat.** 나는 사기/컨닝을 하지 않는다.

4 의문부사 where, when, how, why

    Where **do you live?** 너는 어디에 사니?

    When **do you study English?** 너는 언제 영어공부하니?

    How **does your father get to work?**
    너의 아버지는 어떻게 회사 다니시니?

    Why **do you go to bed late every day?**
    너는 왜 매일 잠자리에 늦게 드니?

5 정도부사 so, very, much, a little, too, enough

    You're so **beautiful.** 당신 정말 아름다워요.

    I'm getting along very **well.** 나는 매우 잘 지내고 있어요.

    I was very **bored at the concert.** 나는 그 콘서트에서 매우 지루했었다.

    You speak too **fast to understand.**
    너는 너무 빨리 말해서 이해할 수 없다.

    Your English is good enough**.** 네 영어는 충분히 훌륭해.
    (부사 enough와 형용사의 위치는 형용사+enough이다.)

영어로 말해보기

1 남동생이 10분전에 집에 왔다.   **My brother came home 10 minutes ago.**

2 나는 2018년 이래로 여기에 살아왔다.   **I've lived here since 2018.**

3 나는 친구들과 자주 농구를 한다.   **I often play basketball with my friends.**

4 너의 아버지는 어떻게 회사 다니시니?   **How does your father get to work?**

5 나는 매우 잘 지내고 있어요.(get along)   **I'm getting along very well.**

Chapter 08　비교

Unit 50   형용사와 부사의 비교급

💬 Grammar in DIALOG

A **This camera is too expensive. I need a less expensive one.**

B **OK. I'll show you another. How about this one?**

A **How much is this?**

B **This is $20 cheaper than that one.**

A 이 카메라 너무 비싸요. 나는 덜 비싼게 필요한데요.
B 알겠습니다. 제가 다른 것을 보여드리죠. 이건 어때요?
A 이것은 얼마인데요?   B 저것보다 20달러 싸요.

 POINT

1   비교급이란 형용사, 부사의 성질, 상태의 차이를 나타내기 위해 어미를 변화시키는 것이다.

<비교급 만드는 법>
● 단음절어: 원급 + -(e)r

old - older   slow - slower   cheap - cheaper
nice - nicer   late - later

● 단모음+단자음으로 끝나는 단어: 마지막자음 + -er

big - bigger   thin - thinner

● y로 끝나는 2음절어: -y → -ier

easy - easier   heavy - heavier   early - earlier

● 대부분의 2음절어, 3음절어, -ed -ing로 끝나는 단어: more + 원급

careful - more careful   polite - more polite
beautiful - more beautiful   tired - more tired
expensive - more expensive

tiring - more tiring   interested - more interested
interesting - more interesting

● 불규칙변화

good - better	**well - better**	**far - farther**
bad - worse	**ill - worse**	**little - less**
many/much - more	**old - older/elder**	

2   두 사람, 사물을 비교하는 경우 「형용사/부사의 비교급 + than」의 형태를 쓴다.

I'm taller than my brother is. 나는 내 동생보다 크다.

Athens is older than Rome is. 아테네가 로마보다 오래되었다.

Karen speaks English better than I do.
Karen은 나보다 영어를 잘한다.

3   일상영어(informal English)에서는 'than I am/do/can~'을 'than me'라고
쓰기도 한다.

My mother is a better cook than I am.
= My mother is a better cook than me.

She gets up earlier than I do.
= She gets up earlier than me.

I can swim better than he can.
= I can swim better than him.

4   비교급에서 than은 생략할 수 있다.

My father wants a bigger car. 아버지는 더 큰 차를 원하신다.

This skirt is good, but I want a less expensive one.
이 스커트도 좋은데 난 덜 비싼 걸 원해.

╭─ **영어로 말해보기** ─╮

1 더 조심해라.   **Be more careful.**
2 나는 그보다 더 수영을 잘한다.   **I can swim better than him.**
3 Sarah는 전보다 더 건강하다.   **Sarah is healthier than before.**
4 좀 더 느리게 말해줄래요?(Can~)   **Can you speak more slowly?**
5 너 전보다 더 피곤해 보인다.   **You look more tired than before.**

Grammar in DIALOG

A **How do you feel today?**
B **I feel much better than yesterday.**
A **Good for you. You should rest as much as possible.**
B **OK. I'll try.**

A 오늘 기분 어떠세요?   B 어제보다 훨씬 기분 좋아요.
A 잘됐네요. 가능한 많이 쉬셔야 해요.   B 네. 그럴게요.

1   비교급을 강조하기 위해 much, a lot, even, far 등을 앞에 쓴다.

The United Kingdom is much older than the United States. 영국은 미국보다 훨씬 오래 됐다.

The Hyatt hotel is a lot more expensive than the Holiday Inn. Hyatt호텔은 Holiday Inn보다 훨씬 더 비싸다.

2   「비교급 and 비교급」은 '점점 더 ~ 하다'라는 비교급을 강조하는 표현이다.

It's getting hotter and hotter. 점점 더 더워진다.

You're getting more and more beautiful.
너는 점점 더 아름다워지는구나.

3   「as 형용사/부사 as」는 '~만큼 …하다' 라는 뜻이다.

I am as tall as my mother. 나는 엄마만큼 키가 크다.

I can swim as well as you. 나는 너만큼 수영을 할 수 있다.

Jessy weighs twice as much as me. Jessy의 몸무게는 나의 두 배야.

4 「not as(so) 형용사/부사 as」는 '~만큼 …하지 않다'라는 뜻으로 「비교급 than」으로 바꿔 쓸 수 있다.

Jeju island isn't as big as **Hawaii.** 제주도는 하와이만큼 크지 않다.

= **Hawaii is** bigger than **Jeju island.** 하와이가 제주도보다 크다.

I don't eat as much **as you.** 나는 너만큼 많이 먹지 않는다.

= **You eat** more than **me.** 네가 나보다 더 많이 먹는다.

5 「as~as one can」는 '가능한 ~하게'라는 뜻으로 「as ~ as possible」과 바꿔 쓸 수 있다.

I'll call you back as soon as I can. 가능한 빨리 다시 전화 드릴게요.

=**I'll call you back** as soon as possible.

6 비교급의 형태를 사용하면서 최상급의 의미를 가질 수 있다.

Nothing **is** more important than **health.** 건강보다 중요한건 없다.

Health is more important than any other thing in the world. 세상에 어떤 것 보다 건강이 더 중요하다.

= **Health is** the most important thing **in life.**

영어로 말해보기

1 점점 더 더워지고 있다.   **It's getting hotter and hotter.**

2 나는 너만큼 수영을 잘 할 수 있다.   **I can swim as well as you.**

3 나는 너만큼 많이 먹지 않는다.   **I don't eat as much as you.**

4 나는 항상 가능한 열심히 공부한다.   **I always study as hard as I can.**

5 건강보다 중요한건 없다.(Nothing is ~) **Nothing is more important than health.**

Grammar in DIALOG

A **What is** the best movie you've ever seen?
B **I think Harry Potter is** the best movie of all.

A 네가 본 영화 중에 무엇이 최고의 영화니?
B 내 생각에 Harry Potter가 최고의 영화인 것 같아.

POINT

1 최상급은 셋 이상을 비교하면서 '가장 ~한' 이라는 뜻으로 보통 앞에 the를 붙인다.

최상급 만드는 법

● 단음절어: 원급 + -(e)st

old - oldest   slow - slowest   cheap - cheapest
nice - nicest   late - latest

● 단모음+단자음으로 끝나는 단어: 마지막 자음 + -est

big - biggest   thin - thinnest

● y로 끝나는 2음절어: -y → -iest

easy -easiest   heavy - heaviest   early - earliest

● 대부분의 2음절어, 3음절어, -ed -ing로 끝나는 단어: most + 원급

careful - most careful   polite - most polite
beautiful - most beautiful   tired - most tired
expensive - most expensive   tiring - most tiring
interested - most interested
interesting - most interesting

● 불규칙변화

good - best	**bad[ill] - worst**
far - farthest	**little - least**
many[much] - most	**old - oldest[eldest]**
well - best	

2   최상급 앞에 the가 붙지 않는 경우도 있다.

Heather is my best friend.
Heather는 나의 가장 친한 친구이다. [최상급 앞에 소유격이 올 때]

Most women like shopping.
대부분의 여자들은 쇼핑을 좋아한다. [most가 대부분의 뜻으로 쓰일 때]

3   '~중에서' 라는 비교 대상을 나타낼 때 <of+복수명사> 또는 <in+장소명사>를 주로 쓴다.

Carol runs the fastest of us all.
우리 모두 중에서 Carol이 가장 빨리 뛴다.

Winter is the coldest of the four seasons.
겨울이 사계절 중 가장 춥다.

It's the oldest building in this city.
그것은 이 도시에서 가장 오래된 건물이다.

Seoul is the biggest city in Korea. 서울이 한국에서 가장 크다.

(영어로 말해보기)

1 Monopoly가 가장 신나는 게임이다.(exciting)
Monopoly is the most exciting game.

2 가장 가까운 은행이 어디죠?
Where is the nearest bank?

3 우리 아버지가 그들 중 키가 가장 작으시다.
My father is the shortest of them.

4 서울이 한국에서 가장 큰 도시다.
Seoul is the biggest city in Korea.

5 나일강이 세계에서 가장 긴 강이다.
The Nile River is the longest river in the world.

Chapter 09 분사

Unit 53 현재분사

💬 Grammar in DIALOG

A **Look at the baby sitting in the stroller.**
B **How cute!**
A **He's smiling at us.**
B **Yes, he is. He has a beautiful smile.**

A 유모차에 앉아 있는 아기를 봐.   B 정말 귀엽다!
A 우리를 보고 웃고 있어.   B 응, 그러네. 웃는 모습이 이쁘다.

POINT

1 현재분사의 형태는 「동사+ ~ing」이다.

cry 울다 - **crying** 울고 있는
sing 노래하다 - **singing** 노래하고 있는
study 공부하다 - **studying** 공부하고 있는
tire 피곤하게 하다 - **tiring** 피곤하게 하(고 있)는
bore 지루하게 하다 - **boring** 지루하게 하(고 있)는
depress 우울하게 하다 - **depressing** 우울하게 하(고 있)는
embarrass 당황하게 하다 - **embarrassing** 당황하게 하(고 있)는

2 현재 분사는 문장 안에서 형용사역할을 한다.

● 명사를 꾸며준다.

Look at the smiling baby. He's so cute.
저 웃고 있는 아기를 봐요. 정말 귀여워요.

I saw a boring movie last night. 나는 어젯밤 지루한 영화를 봤다.

My sister is a tiring person. 언니는 피곤하게 하는 사람이다.

• 목적어나 부사구 등과 함께 명사를 꾸밀 경우 명사 뒤로 간다.

The girl playing **the piano is my daughter.**
피아노를 치고 있는 소녀가 내 딸이다.

Do you know the man sitting **on the bench?**
너는 벤치에 앉아 있는 남자를 아니?

• 주어의 상황을 설명하는 주격보어 역할을 한다.

My father is washing **the car.** 아버지는 세차를 하고 계신다.

My mother is doing **the laundry.** 어머니는 빨래를 하고 계신다.

My brother is watching **a movie.** 오빠는 영화를 보고 있다.

I'm feeding **the dog.** 나는 개밥을 주고 있다.

The movie seems interesting. 그 영화는 재미있는 것 같다.

• 목적어의 상황을 설명하는 목적격보어 역할을 한다.

I saw John cheating. 나는 John이 컨닝하는 것을 봤다.

I saw you walking **down the street.** 난 네가 길을 걸어가는 것을 봤어.

I heard a baby crying **last night.** 나는 어젯밤 아기 우는 소리를 들었다.

I heard you yelling **at her.** 나는 네가 그녀에게 소리치는 것을 들었어.

I'm sorry. I kept you waiting. 미안해요. 당신을 기다리게 했네요.

영어로 말해보기

1 나는 어젯밤 지루한 영화를 봤다.
I saw a boring movie last night.

2 피아노를 치고 있는 소녀가 내 딸이다.
The girl playing the piano is my daughter.

3 저쪽에 서 있는 남자가 내 남자친구야.
The man standing over there is my boyfriend.

4 아버지는 세차를 하고 계시다.
My father is washing the car.

5 나는 네가 Kate와 걷는 것을 봤어.
I saw you walking with Kate.

과거분사

💬 Grammar in DIALOG

A **How have you been?**
B **I've been busy working.**
A **How's your new job?**
B **Good. I'm really satisfied with it.**

A 그동안 어떻게 지냈어?   B 일하느라 바빴지.
A 새로운 일은 어때?   B 좋아. 정말 만족해.

POINT

1   과거분사의 형태는 「동사원형 + - ed 또는 불규칙변화」이다.

use 사용하다 - **used** 사용되어진   **make** 만들다 - **made** 만들어진

love 사랑하다 - **loved** 사랑받는   **steal** 훔치다 - **stolen** 훔쳐진(도난당한)

interest 관심을 끌다 - **interested** 관심이 있는

bore 지루하게 하다 - **bored** 지루함을 느끼는

2   과거분사는 문장 안에서 주로 형용사역할을 한다.

● 명사를 꾸며준다.

Eric bought a used car. Eric은 중고차를 샀다.

There are some fallen leaves. 낙엽이 좀 있다.

● 목적어나 부사구 등과 함께 명사를 꾸밀 경우 명사 뒤로 간다.

I'd like to buy a watch made in Switzerland.
나는 스위스제 시계를 사고 싶다.

● 주어의 상황을 설명하는 주격보어역할을 한다.

You look tired today. 너 오늘 피곤해 보인다.

● 목적어의 상황을 설명하는 목적격 보어 역할을 한다.

I found the window broken. 나는 창문이 부서진 것을 알았다.

I want my shoes repaired. 나는 내 신발이 수선되길 원해요.

3 현재완료나 수동태를 만들 때 쓰기도 한다.

I have known **Kate for 5 years.** 나는 Kate를 5년 동안 알아왔다.

"How have **you** been**?" "I've been busy."**

그동안 어떻게 지냈어? 그동안 바빴어.

This bag is made **in Italy.** 이 가방은 이탈리아제다.

"Are **you** invited **to the party?" "Yes, I am."**

너 파티에 초대받았어? 응, 받았어.

(**more tips!**) **현재분사와 과거분사**

분사란 「동사-ing」 또는 「동사-ed」의 형태로 동사 본래의 성질을 가지고 있으면서 문장 안에서 본동사 또는 형용사 역할을 하는 것을 말한다.

형태	동사-ing	동사-ed
의미	능동, 진행의 의미	수동, 완료의 의미
예	The news was really **shocking**.(능동) We're **dusting** the furniture. (진행) 그 소식은 정말 충격적이었다. 우리는 가구의 먼지를 털고 있다.	This house was **built** in 2024. (수동) They've just **got** married.(완료) 이 집은 2024년에 지어졌다. 그들은 방금 결혼했다.

*현재분사와 동명사의 차이

현재분사와 동명사는 동사에 -ing를 붙인 형태이다. 둘 다 모두 동사의 성질을 갖고 있다는 점에서 동일하나, 기능적으로 현재분사는 「진행」의 의미를 가지는 '형용사' 역할을, 동명사는 「용도」나 「목적」의 의미를 가지는 '명사' 역할을 한다.

<비교>

(현재분사) **a sleeping baby** 잠자고 있는 아기

(동명사) **a sleeping pill** 수면제 (취침하기 위한 약)

(현재분사) **a smoking man** 담배 피우고 있는 남자

(동명사) **a smoking room** 흡연실 (담배를 피우기 위한 방)

(**영어로 말해보기**)

1 Eric은 중고차를 샀다.   **Eric bought a used car.**

2 거리에 주차된 차들 봐.   **Look at the cars parked on the street.**

3 나는 실망했다.(disappoint:실망시키다)   **I'm disappointed.**

4 나는 창문이 부서진 것을 알았다.(find)   **I found the window broken.**

5 나는 내 이름이 불리는 것을 들었다.(call)   **I heard my name called.**

💬 **Grammar in DIALOG**

A **Your English got much better than before.**
B **Thank you.**
A **When do you usually practice English?**
B **While driving, I listen to MP3 all the time.**

A 너 영어실력이 전보다 훨씬 나아졌어.　　　B 고마워.
A 보통 언제 영어공부해?　　　　　　　　　B 운전할 때, 항상 MP3를 들어.

 POINT

1 분사구문

분사를 이용하여 부사절을 보다 간결한 부사구로 바꾼 것을 분사구문이라고 한다. 분사구문은 문장 중에서 때, 이유, 조건, 양보, 동시상황, 연속상황 등의 의미를 나타낸다.

2 분사구문 만드는 방법

1. 접속사를 없앤다	**As I got good grades,** I was pleased. → As **I got good grades,** I was pleased. -①
2. 부사절의 주어와 주절의 주어가 같을 경우 부사절의 주어를 생략하고 *다를 경우 그대로 둔다	→ I **Got good grades,** I was pleased. -② * **As It was fine,** we went out to walk. → **It being fine,** we went out to walk.
3. 부사절의 시제와 주절의 시제가 같을 경우 「동사원형+-ing」를 쓰고, *부사절의 시제가 주절의 시제보다 한 시제 앞설 경우 「Having+과거분사」 형태를 쓴다	→ **Getting good grades,** I was pleased. -③ * **As I lost the money,** I can't buy the book. → **Having lost the money,** I can't buy the book.
4. 부정어(never, not)는 분사구문 앞에 위치시킨다	**As I didn't get good grades,** I was depressed. → **Not getting good grades,** I was depressed.

3 분사구문이 현재분사로 시작하지 않는 경우

분사구문은 보통 현재분사형으로 시작하는데, 예외도 있다.

● 수동형 분사구문일 경우 - 「being+과거분사」나 「having been+과거분사」 형태에서 being이나 having been을 생략하는 경우가 많다.

(Being) Shocked at the news, I couldn't say a word.
그 소식에 놀라서 나는 아무말도 할 수 없었다.

(Having been) Ripped off by the taxi driver, he got shocked. 택시 운전사에게 사기당하고 그는 충격을 받았다.

● 부사절의 주어와 주절의 주어가 다를 경우 - 부사절의 주어를 생략하지 않는다.

It being cold, we didn't go out for dinner.

● 접속사의 의미를 분명하게 하고자 할 경우 - 분사 앞에 접속사를 생략하지 않을 수 있다.

Though being very sick, I went to school.

4 분사구문의 종류

● 때 : ~할 때

When you take a bath, you' better not use a hair dryer.
→ **Taking a bath, you'd better not use a hair dryer.**
목욕할 때에는 드라이어를 사용하지 않아야 한다.

● 이유 : ~이므로

Because/ As I felt very tired, I went to bed early.
→ **Feeling very tired, I went to bed early.**
매우 피곤해서 일찍 잠자리에 들었다.

● 조건 : 만약 ~라면

If you turn to the left, you will find the bank.
→ **Turning to the left, you will find the bank.**
왼쪽으로 돌아가시면 그 은행을 찾으실거에요.

● 양보 : ~일지라도

Although/ Though I understand why she did it, I still can't forgive her.
→ **Understanding why she did it, I still can't forgive her.**
그녀가 왜 그랬는지 이해는 되지만 그래도 난 그녀를 용서할 수가 없어요.

● 동시상황 : ~하면서(동시에)

Nina checked her e-mail while she was listening to the radio. → **Nina checked her e-mail,** listening to the radio.

Nina는 라디오를 들으면서 이메일을 확인했다.

● 연속상황 : ~하고 나서 이어

(Right) After I got dressed, I went out with my family.

→ Getting dressed, **I went out with my family.**

옷을 입고 나서 가족들과 밖에 나갔다.

5 분사구문의 위치

분사구문은 상황에 따라 문장의 맨 앞, 맨 뒤, 또는 문장의 중간에도 올 수 있다.

● 문장의 앞에 오는 경우

Wearing dark glasses, **the man could not see clearly.**

어두운 안경을 써서 그 남자는 잘 볼 수 없었다.

● 문장의 중간에 오는 경우

The man, wearing dark glasses, **could not see clearly.**

● 문장의 뒤에 오는 경우

The man could not see clearly, wearing dark glasses.

영어로 말해보기

1 검은 안경을 쓴 남자는 명확히 볼 수가 없었다.

The man, wearing dark glasses, could not see clearly.

2 날씨가 좋았기 때문에 우리는 산책하러 나갔어.

As it was fine, we went out to walk.

3 그 소식에 놀라서 나는 아무말도 할 수 없었다.

Shocked at the news, I couldn't say a word.

4 매우 피곤해서 일찍 잠자리에 들었다.

Feeling very tired, I went to bed early.

5 옷을 입고 나서 가족들과 밖에 나갔다

Getting dressed, I went out with my family.

[1] 독립분사구문

지금까지 우리가 공부한 분사구문들은 주절과 종속절의 주어가 같다는 전제하에 주어와 접속사를 생략하고 동사를 분사형으로 만들어줬다. 그렇다면, "While Susan came here, we were having dinner"와 같이 주절과 종속절의 주어가 다를 경우에는 어떻게 할까? 복잡하게 생각할 것 없이, "Susan coming here, we ~"와 같이 coming의 의미상 주어 Susan을 그대로 남겨 둔 「독립분사구문」을 만들면 된다.

그런데, "Frankly speaking ~"에서 보면 speaking하는 주체는 주절의 'I'가 아니라 「일반적인 사람들」이라고 할 수 있다. 따라서 원래대로라면 People frankly speaking ~이되어야겠지만, we나 you, they, people 등과 같은 「일반인」이 분사구문의 의미상 주어인 경우에는 의미상 주어를 그냥 생략해버리는데, 이를 특히 「비인칭독립분사구문」이라고 하고 하나의 숙어처럼 암기해두는 것이 좋다.

[2] It's time to+V

It's time~ 다음에 과거시제가 아닌 to부정사가 오는 경우 '유감'을 나타내기 보다 단순히 '~할 시간이다'라는 의미로 쓰인다.

It is time to have dinner. 저녁먹을 시간이다.
It's time to tighten our belts and work harder.
허리띠를 졸라매고 더 열심히 일해야 할 때야.

Unit 56 분사구문의 의미상 주어 및 부대상황

Grammar in DIALOG

A **I wish you wouldn't watch TV.**
B **Sorry. Were you trying to sleep?**
A **Yes, I can hardly sleep with the TV on. I have an important meeting tomorrow morning.**
B **OK. I'll turn it off.**

A 네가 TV를 안봤으면 좋겠어.   B 미안. 자려고 했었어?
A 어, TV 켜놓은 상태에서 잠을 거의 못자. 내일 아침 중요한 회의가 있어.
B 그래. TV 끌게.

POINT

1 비인칭 독립분사구문

분사구문의 의미상 주어가 we, you, they 등 일반인이 주어인 경우, 의미상 주어를 생략하고 쓰는 것이 보통이다. 이를 보통 「비인칭 독립분사구문」이라 한다.

2 자주 사용하는 비인칭 독립분사 구문

considering (that) ~을 감안한다면	**judging from** ~로 판단하건대
speaking of ~에 관해 말하자면	**admitting that** ~은 인정하지만
strictly speaking 엄밀히 말하자면	**granted that** ~은 인정하지만
compared with ~을 비교하면	**frankly speaking** 솔직히 말하자면
seeing that ~을 보면, ~이므로	**provided that = providing that** ~라면

Considering his age, he's in good shape.
그의 나이를 고려하면 그는 몸매가 좋다.

Judging from his accent, he seems to be an American.
그의 억양으로 판단하건대 그는 미국인인 것 같다.

156

Speaking of bears, here is a story for you.
곰에 대해 말하자면 당신에게 해 줄 이야기가 있다.

Strictly speaking, she is not so good at math.
엄격히 말하면 그녀는 수학을 그렇게 잘하는 것이 아니다.

Granted that you were drunk, you should be responsible for your conduct.
술 취했다는 것을 인정한다 하더라도 당신은 당신 행동에 책임을 져야 한다.

Compared with last year, the birthrate in Korea has decreased. 작년과 비교해 한국의 출생률은 감소했다.

Frankly speaking, I didn't do my homework yet.
솔직히 말해 난 아직 숙제를 하지 않았다.

His English is not bad, seeing that he has learned it for six months.
영어를 배운지 겨우 6개월이라는 점에서 보면 그의 영어실력은 나쁘지 않다.

Provided that all your work is done, you may go home.
일이 다 끝나면 당신은 집에 가도 좋다.

= **Providing that all your work is done, you may go home.**

3   with를 이용한 부대상황 「with+명사+보어」

「with+명사+보어」 구문은 '명사가 ~(보어)한 채로'라는 뜻으로 한꺼번에 두 가지 일을 말할 때 사용한다. 이때 보어가 분사일 경우, 명사와의 관계가 능동이면 현재분사, 수동이면 과거분사를 사용한다.

● 「with+명사+V-ing」

It was a misty morning, with little wind blowing.
바람이 거의 불지 않는 안개 낀 아침이었다.

● 「with+명사+V-ed」

She is singing, with her eyes closed.
그녀는 눈을 감은 채로 노래를 부르고 있다.

With an eye bandaged, I could not read properly.
눈에 붕대를 감은 채 나는 제대로 읽을 수 없었다.

● 「with+명사+형용사/부사(구)」

Don't speak with your mouth full.
음식물을 입에 가득 넣은 채로 이야기하지 마라.

He was standing, with his hands in his pockets.

그는 손을 주머니에 넣은 채로 서 있었다.

(**more tips!**) 자주 사용하는 with를 이용한 부대상황 표현

1.「with+명사+V-ing」

- **with one's hair waving in the wind** 머리카락을 바람에 날리면서
- **with one's dog following behind** 개가 뒤에서 따르고
- **with one's jacket hanging on one's shoulder**
  상의를 어깨에 걸치고 *hang 매달리다, 걸리다

2.「with+명사+V-ed」

- **with one's legs crossed(folded)** 다리를 꼬고
- **with one's arms crossed** 팔짱을 끼고
- **with one's eye bandaged** 한쪽 눈을 붕대로 감고

3.「with+명사+형용사/부사(구)」

- **with a radio on/off** 라디오를 켜놓은 채/꺼놓은 채
- **with one's mouth full** 입안을 가득 채우고
- **with a smile on one's face** 얼굴에 미소를 띠며
- **with a pipe in one's mouth** 파이프를 입에 물고
- **with a hat on/off** 모자를 쓴 채로/벗은 채로
- **with one's hand in one's pocket** 손을 주머니에 찔러 넣은 채로

(**영어로 말해보기**)

1 음식물을 입에 가득 넣은 채로 이야기하지 마라.
   Don't speak with your mouth full.
2 솔직히 말해 난 아직 숙제를 하지 않았다.
   Frankly speaking, I didn't do my homework yet.
3 그의 억양으로 판단하건대 그는 미국인인 것 같다.
   Judging from his accent, he seems to be an American.
4 그녀는 눈을 감은 채로 노래를 부르고 있다.
   She is singing, with her eyes closed.
5 작년과 비교해 한국의 출생률은 감소했다.
   Compared with last year, the birthrate in Korea has decreased.

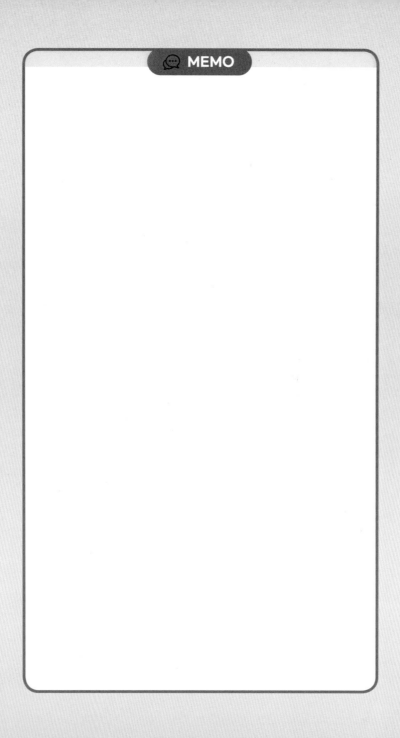

Chapter 10 부정사와 동명사

💬 **Grammar in DIALOG**

A **What do you want to do?**
B **I want to play tennis.**
A **It's a little cold out there. Why don't we just play table tennis inside?**
B **That sounds OK.**

A 너는 무엇을 하기를 원하니?　　　　　　　　B 나는 테니스를 하고 싶어.
A 밖에 좀 추운데. 우리 안에서 탁구 치면 어떨까?　B 좋아.

1　부정사란 보통 동사원형을 말하므로 to 부정사의 형태는 「to+동사원형」이다.
　 to 부정사는 동사가 문장 안에서 명사(~하는 것), 형용사(~의, ~하는), 부사(~하
　 기 위해서, ~ 때문에 등) 역할을 할 때 쓴다.

I want to go bowling. (명사 역할) 나는 볼링치러 가는 것을 원한다.

I need something to eat. (형용사 역할) 나는 먹을 것을 필요로 한다.

I came to see you. (부사 역할) 나는 너를 보러 왔어.

(**more tips!**) to 부정사의 부정은 「not to+동사원형」이다.

I told you not to say anything! 내가 아무 소리 하지 말랬잖아!

2　to 부정사의 시제
　　● 단순시제 : 「to+동사원형」
　　본동사의 시제와 같으나 나중(미래)시제를 의미한다.

I want to see the manager. 나는 매니저를 만나고 싶어.

　　● 진행시제 : 「to+be+ 동사-ing」
　　진행시제는 본동사와 같은 시점에 진행 중인 동작을 의미한다.

He seems to be studying **in his room.** 그는 방에서 공부 중인 것 같다.

● 완료시제 : 「to+have+pp」
완료시제는 본동사보다 과거의 사실을 의미한다.
I'm sorry to have kept **you waiting.** 기다리게 해서 미안합니다.

3 「to+동사원형」이 명사역할을 할 때 일반 명사와 같이 문장에서 주어, 목적어, 어 역할을 한다. 전치사의 목적어 역할은 하지 않는다.

● 주어 역할 (~하는 것은)
to 부정사가 주어자리에 올 경우 주로 가짜주어 it을 쓰고 진짜 주어는 뒤로 보낸다.

To exercise every day **is important.** → It's important to exercise every day. 매일 운동하는 것은 중요하다.

To get there on time **is impossible.** → It's impossible to get there on time. 거기에 정각에 도착하기란 불가능하다.

● 목적어 역할 (~하는 것을)
I want to do **something more meaningful.**
좀 더 의미있는 일을 하고 싶어.

Tess needs to clean **her room.** Tess는 방을 치울 필요가 있다.

(more tips!) 모든 동사가 to부정사를 목적어로 가질 수 있는 것이 아니다.

● 보어역할
My dream is to be **a doctor.** (주격보어) 내 꿈은 의사가 되는 것이다.

My advice is to take **it slowly.** 내 조언은 천천히 해보라는거야.

I want you to come **to my party.**
(목적격보어) 네가 내 파티에 오기를 바래.

I told you to come **on time.** (목적격보어) 내가 제 시간에 오라고 했잖아.

┌─ **영어로 말해보기** ─┐

1 매일 운동하는 것은 중요하다.   **It's important to exercise every day.**

2 스파게티를 만드는 것은 어렵다.(difficult)   **It's difficult to make spaghetti.**

3 불을 끄는 것을 잊지마.(turn off)   **Don't forget to turn off the light.**

4 당신은 샌드위치 드실래요?(Would you like~)   **Would you like to eat a sandwich?**

5 나는 네가 내 파티에 오기를 바래.   **I want you to come to my party.**

형용사 역할을 하는 to부정사

💬 Grammar in DIALOG

A **I'm thirsty.**

B **I'll get you something to drink. What would you like?**

A **I'd like some iced water.**

B **Here you are.**

A 나 목말라. B 마실 것 갖다줄게. 뭐 먹을래? A 얼음물 주라. B 여기 있어.

1 「to+동사원형」이 형용사 역할을 할 때는 수식하는 명사 뒤에 쓴다.

명사 뒤에 쓰이는 to부정사는 보통 명사를 꾸며주는 형용사 역할을 한다. 그리고 이 때 「명사+to부정사+전치사」의 형태로 쓰는 경우는 명사가 전치사의 목적어 역할을 하는 경우이다.

Would you like something to drink? 마실 것 좀 드릴까요?

Do you need something to write with?
쓸 것이(필기도구) 필요하세요?

I think you need someone to count on.
너는 믿고 의지할 사람이 필요한 것 같아.

할 일: something to do

- **I have** something to do. 나는 할 일이 있다.

먹을 음식: food to eat

- **There is no** food to eat. 먹을 음식이 없다.

쓸 돈: money to spend

- **He has a lot of** money to spend. 그는 쓸 돈이 많이 있다.

만날 친구들: friends to meet

- **I have some** friends to meet today. 나는 오늘 만날 친구들이 좀 있다.

164

마실 물: water to drink
- **Give me some** water to drink. 마실 물 좀 줘.

2 수식 받는 명사가 전치사의 목적어인 경우, to 부정사 뒤에 전치사를 쓴다.

앉을 의자: a chair to sit on
- **There is no** chair to sit on. 앉을 의자가 없다.

점심 같이 먹을 친구: a friend to have lunch with
I need a friend to have lunch with.
나는 점심 같이 먹을 친구가 필요하다.

쓸 것(필기도구): something to write with
- **I need** something to write with. 나는 쓸 것이 필요하다.

쓸 것(종이): something to write on
- **Please give me** something to write on. 쓸 종이 좀 주세요.

말할 누군가: someone to talk to
- **I need** someone to talk to. 나는 말할 누군가가 필요하다.

(**more tips!**) 「의문사+to부정사」

「의문사+to 부정사」는 명사역할을 하면서 문장에서 주로 목적어 역할을 한다. 의문사 중 why를 사용한 「why+to부정사」 구문은 쓰지 않는다.

「what+to 부정사」 무엇을 ~해야 할지   「how+to 부정사」 어떻게 ~해야 할지
「when+ to 부정사」 언제 ~해야 할지   「where+to 부정사」 어디에서 ~해야 할지
「who(m)+to 부정사」 누구와/누구를 ~해야 할지
「whether+to 부정사」 ~를 할지 하지말지

I don't know what to say. 나는 무엇을 말해야 할지 모르겠다.
(=I don't know what I should say.)

Do you know how to use **this machine?**

이 기계를 어떻게 사용해야하는 지 아니?
(=Do you know how I should use this machine?)

영어로 말해보기

1 나는 읽을 것이 필요하다.   **I need something to read.**
2 내게 마실 물 좀 줘.   **Give me some water to drink.**
3 나는 영어공부같이 하는 친구가 필요해.   **I need a friend to study English with.**
4 나는 쓸 것이 필요하다.   **I need something to write with.**
5 나는 말할 누군가가 필요하다.   **I need someone to talk to.**

A **Nice to meet you.**
B **Nice to meet you, too.**
A **I've heard a lot about you.**
B **Only good things, I hope.**

A 만나서 반가워요.   B 나도 만나서 반가워요.
A 말씀 많이 들었어요. B 좋은 얘기였으면 좋겠네요.

POINT

1 「to+동사원형」은 문장 안에서 부사 역할을 하여 동사나 형용사 등을 꾸며주기도 한다.

● 목적: ~하기 위해서, ~하려고

I came here to see Henry. 나는 여기에 Henry보러 왔어요.

He did his best to win the game.
그는 게임에서 이기기 위해 최선을 다했다.

I tried not to be late. 나는 늦지 않으려 했다.

Mandy went shopping to buy a coat.
Mandy는 코트를 사기 위해 쇼핑 갔다.

Charlie went to Tokyo to learn Japanese.
Charlie는 일본어를 배우기 위해 도쿄에 갔다.

What do I need to open an account?
계좌를 만들려면 무엇이 필요한가요?(open an account)

(**more tips!**) 「in order to~」는 '~하기 위하여'라는 목적을 나타내는 표현으로 주로 일상생활에서는 in order를 생략하고 to부정사만 쓴다. (in order) to는 「so that +주어+can(could)/won't (wouldn't)~」과 바꿔 쓸 수 있다.

I sat down (in order) to **rest.**

나는 쉬려고 앉았다. (=I sat down so that I could rest.)

I studied English (in order) to **have a better chance of getting a job.** 나는 직장을 구할 수 있는 더 좋은 기회를 얻으려고 영어를 공부했다. (=I studied English so that I could have a better chance of getting a job.)

We kept quiet (in order) not to **wake her up.**

우리는 그녀를 깨우지 않기 위해 조용히 있었다.

(=We kept quiet so that we wouldn't wake her up.)

● 원인: ~하니까, ~해서

It's nice to meet **you.** 만나서 반가워요.

I'm glad to hear **the news.** 그 소식을 들으니 기뻐.

It was good to hear **from you.** 네 소식을 들으니 좋다.

I'm happy to hear **that.** 나는 그것을 들으니 행복해.

● 이유, 판단의 근거: ~하다니, ~을 보니

You must be a fool to do **such a thing.**

그런 행동을 하다니 너는 바보임에 틀림없다.

He must be a genius to solve **the problem.**

그 문제를 해결하다니 그는 천재임에 틀림없다.

My father was lucky to get **a new job.**

아빠가 새로운 직업을 구하시다니 행운이었다.

● 결과: ~해서 ...하다

He grew up to be **a great singer.** 그는 자라서 훌륭한 가수가 되었다.

Her mother lived to be **eighty.** 그녀의 어머니는 80세까지 사셨다.

● 형용사 수식: ~하기에

This book is fun to read. 이 책은 읽기에 재미있다.

This river is very dangerous to swim in.

이 강은 수영하기에 매우 위험하다.

That movie was difficult to understand. 저 영화는 이해하기 어려웠다.

형용사 뒤에 쓰이는 to부정사는 보통 형용사를 꾸며주는 부사 역할을 한다. 부정사와
자주 쓰이는 형용사들은 다음과 같다.

nice	glad	pleased	sorry	afraid
lucky	likely	willing	ready	eager(간절히 원하는)

It was nice to hear **from you.** 네 소식을 듣게 되어 반가웠어.

I was glad to see **you.** 너를 봐서 반가웠어.

They were pleased to be **going home.** 그들은 집에 가게 되어 기뻤다.

I was sorry to call **so late.** 너무 늦게 전화해서 미안했어.

Are you afraid to be **alone in the dark?**
어둠속에 혼자 있는 것이 두렵니?

He was incredibly lucky to be **alive.** 그는 정말 운 좋게 살아남았다.

It's likely to rain**.** 비가 올 것 같다.

I'm willing to see **you soon.** 곧 너를 기꺼이 보고 싶다.

Are you ready to order**?** 주문할 준비되셨습니까?

She was very eager to meet **me.** 그녀는 나를 만나기를 간절히 원했다.

영어로 말해보기

1 나는 여기에 Henry를 보러 왔어요. **I came here to see Henry.**
2 그는 게임에서 이기기 위해 최선을 다했다. **He did his best to win the game.**
3 그런 행동을 하다니 너는 바보임에 틀림없다. **You must be a fool to do such a thing.**
4 그는 자라서 훌륭한 가수가 되었다. **He grew up to be a great singer.**
5 그녀의 어머니는 80세까지 사셨다. **Her mother lived to be eighty.**

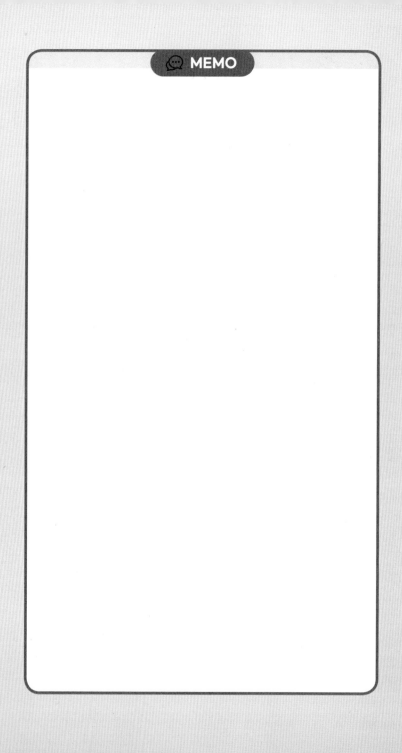
MEMO

Unit 60   to 부정사의 의미상 주어

💬 Grammar in DIALOG

A **Happy birthday to you.**

B **Thank you. It's so sweet of you to remember my birthday.**

A **Why don't you open it?**

B **OK. It's a sweater. This is just what I wanted.**

A 생일 축하해.   B 고마워. 내 생일을 기억하다니 다정하구나.

A 열어보지 그래?   B 알았어. 스웨터구나. 내가 딱 원했던거야.

 POINT

1   to 부정사도 동사의 한 형태이므로 그 주체가 있다. 이를 '의미상의 주어'라고 한다.

> **I like to eat hamburgers.**
>
> 문장의 주어=to부정사의 의미상주어
>
> **The hat is too big for you to wear.**
>
> 문장의 주어   to부정사(to wear)의 의미상주어

2   의미상의 주어로 「for+목적격」을 쓰는 경우가 대부분이다.

These pants are too big for you to wear.
이 바지는 네가 입기에 너무 크다.

This water is too hot for me to drink.
이 물은 내가 마시기에 너무 뜨겁다.

It's impossible for him to get up early.
그가 일찍 일어나는 것은 불가능하다.

It's difficult for me to get up early. 내가 일찍 일어나는 것은 어렵다.

It's unusual for him to joke. 그가 농담을 하는 것은 이례적인 일이다.

3 의미상의 주어로 「of+목적격」을 쓰는 경우가 있다.

사람의 성질, 성품을 나타내는 형용사가 올 때 「It is+형용사+of+의미상주어+to부
kind, nice, sweet, stupid, careless, rude 등

정사」 형태로 쓴다.

It's sweet of you to **remember my birthday.**
내 생일을 기억하다니 너는 다정하구나.

It was careless of him to **say that.** 그런 말을 하다니 그는 부주의했어.

brave	bad	careful	careless	clever
stupid	foolish	polite	nice	kind
cruel(잔인한)	sweet(다정한)	generous(관대한)	considerate(사려깊은)	

4 to+부정사의 의미상 주어가 문장의 주어나 목적어와 같을 때는 생략한다.

I want to go out. 나는 나가고 싶다.
문장의 주어=to부정사의 의미상주어

I want you to come on time. 나는 네가 정각에 오기를 바란다.
문장의 목적어=to부정사의 의미상주어

5 의미상 주어가 일반인이거나 이미 알고 있을 경우 생략한다.

●의미상의 주어가 문장의 주어와 일치하는 경우
I want to be a singer. (의미상의 주어 : I) 나는 가수가 되고 싶다.

●의미상의 주어가 문장의 목적어와 일치하는 경우
I want you to be a singer. (의미상의 주어 : you)
나는 네가 가수가 되었으면 좋겠다.

●의미상의 주어가 일반인 주어일 경우
It's important to exercise **regularly.** (의미상의 주어 : everybody)
정기적으로 운동하는 것은 중요하다.

┌─ **영어로 말해보기** ─┐

1 이 물은 내가 마시기에 너무 뜨겁다. **This water is too hot for me to drink.**
2 우리가 잠자리에 들 시간이다. **It's time for us to go to bed.**
3 내 생일을 기억하다니 너는 다정하구나. **It's sweet of you to remember my birthday.**
4 나를 도와주다니 너는 친절하다. **It's kind of you to help me.**
5 나는 네가 정각에 오기를 원한다. **I want you to come on time.**

💬 **Grammar in DIALOG**

A **I think I don't speak English very well.**
B **No, your English is good enough to have a conversation.**
A **Do you really think so?**
B **Sure, I do. Don't worry about it.**

A 나 영어를 잘 못하는 것 같아.   B 아니야, 네 영어는 대화 나누기에 충분해.
A 정말 그렇게 생각해?   B 물론이지. 걱정하지마.

 POINT

1   to 부정사를 포함한 어구가 하나의 의미로 문장전체를 꾸며 주는 경우가 있다. 이를 독립부정사라고 한다.

To make matters worse 설상가상으로
To make matters worse, **I fell down on my way here.**
설상가상으로 오는 길에 넘어졌어.

To tell the truth 사실을 말하자면
To tell the truth, **I don't want to sell my house.**
사실, 집을 팔고 싶지는 않아.

Strange to say 이상하게 들리겠지만
Strange to say, **I don't want to make much money.**
이상하게 들리겠지만 돈을 많이 벌고 싶지는 않아.

2   정도를 나타내는 to 부정사를 이용한 구문 중 「too+형용사+to부정사」와 「형용사+enough+to부정사」가 있다.

● too+형용사+to부정사 '~하기에 너무 ...하다'
'너무 ~해서 …할 수 없다'라는 뜻. 「so+형용사/부사+that+주어+can't/couldn't~」으

로 바꿔 쓸 수 있다.

I'm too tired to go **out.** 나는 너무 피곤해서 나갈 수 없다.

=I can't go out because I'm too tired.

=I'm so tired that I can't go out.

It's too cold to play **soccer outside.** 너무 추워서 밖에서 축구할 수 없다.

= We can't play soccer outside because it's too cold.

= It's so cold that we can't play soccer outside.

● 형용사+enough+to부정사 '~하기에 충분히 …하다'
'~하기에 충분히 …하다'라는 뜻으로 「so+형용사/부사+that+주어+can/could~」로
바꿔 쓸 수 있다.

You're old enough to see **the movie.** 너는 그 영화를 볼 충분한 나이다.

=You can see the movie because you're old enough.

=You're so old that you can see the movie.

Your English is good enough to understand.
네 영어는 이해하기에 충분히 훌륭해.

=I can understand your English because your English is good enough.

=Your English is so good that I can understand.

● 「the last+명사+to+ 동사원형」
'~할 마지막 …이다,' 즉 '결코 ~하지 않을 …이다'라는 뜻이다.

Shiela is the last one to know **the truth.**
Shiela는 진실을 알 마지막 사람이다.→Shiela는 진실을 결코 모를 사람이다.

Tom is the last one to tell **a lie.**
Tom은 거짓말을 할 마지막 사람이다.→Tom은 결코 거짓말을 할 사람이 아니다.

영어로 말해보기

1 사실, 집을 팔고 싶지는 않아. **To tell the truth, I don't want to sell my house.**

2 나는 너무 피곤해서 나갈 수 없다. **I'm too tired to go out.**

3 거기까지 걸어가기에는 너무 멀다. **It is too far to walk there.**

4 이 가방은 들고 다니기에 너무 무겁다. **This bag is too heavy to carry.**

5 네 영어는 이해하기에 충분히 훌륭해. **Your English is good enough to understand.**

Unit 62   동명사의 역할

A **Why were you late to the first class?**
B **I slept in.**
A **I thought so.**
B **Getting up early every day is so difficult for me.**

A 1교시에 왜 늦었어? B 늦잠잤어.
A 그럴 줄 알았어.   B 매일 일찍 일어나는 것은 너무 어려워.

 POINT

1 동명사는 「동사원형+ing」 형태로 명사 기능을 가지며 문장 안에서 주어, 목적어, 보어, 전치사의 목적어 역할을 한다. *to 부정사는 전치사의 목적어가 될 수 없다.

   eat (먹다) → eating (먹는 것)
   cry (울다) → crying (우는 것)

2 동명사는 주어역할을 한다. 가주어 'it'을 쓰는 경우도 가끔 있다.

   Exercising **every day is good for health.**
   매일 운동하는 것은 건강에 좋다.

   Being **kind to everyone is not easy.** 모두에게 친절하기란 쉽지 않다.

   It was nice talking **to you.** 너와 이야기 한 것은 좋았어.

3 동명사는 목적어역할을 한다.

   I like playing **soccer.** 나는 축구하는 것을 좋아한다.

   I hate eating **alone.** 나는 혼자 먹는 것을 싫어해.

   The car needs repairing**.** 그 차는 수리를 필요로 한다.

   (**more tips!**) 모든 동사가 동명사를 목적어로 가질 수 있는 것이 아니다.

4 동명사는 보어역할을 한다.

My hobby is seeing **a movie.** 나의 취미는 영화를 보는 것이다.

His goal is being **a lawyer.** 그의 목표는 변호사가 되는 것이다.

The important thing is exercising **every day.**
중요한 것은 매일 운동하는 것이다.

5 동명사는 전치사의 목적어역할을 한다.

Thank you for helping **me.** 나를 도와 준 것 고마워.

I feel like dancing. 나는 춤추고 싶은 기분이다.

I'm used to sleeping **on the bus.** 나는 버스에서 자는데 익숙하다.

(**more tips!**) 전치사가 to일 경우 to부정사의 to와 잘 구분해야 한다.

6 동명사의 완료시제의 형태는「having+과거분사」로 완료시제는 본동사보다 과
거의 사실을 말할 때 쓴다.

I'm ashamed of having been **rude.** 나는 무례하게 군 것이 부끄럽다.

He admitted having robbed **the bank.** 그는 은행 턴 것을 시인했다.

7 동명사의 부정

동명사 앞에 not, never 등의 부정어를 쓴다.

Would you mind not turning **on the TV?**
TV를 켜지 말아 주시겠어요?

Jerry is angry about not having been **invited.**
Jerry는 초대받지 못한 것에 대해 화가 나있다.

I'm proud of never having cheated **before.**
나는 커닝을 해보지 않은 것이 자랑스럽다.

8 행위자를 나타내는 표현

1] 의미상의 주어를 밝히는 경우
동명사의 의미상 주어가 명사/대명사일 경우 소유격, 목적격 모두 사용한다. 보통 목
적격을 사용할 경우 더 가벼운 표현이 되며(less formal) 의미상 주어가 무생물 명
사일 경우 목적격을 사용한다는 점을 유의한다. 그리고 동사가 지각동사(see, hear,
watch, feel 등)일 경우도 목적격을 주로 사용한다.

● 의미상 주어로 소유격 사용

Does my smoking **annoy you?** 제가 담배 피워서 짜증나세요?

I was upset about Sarah trying **to lie to me.**

나는 Sarah가 거짓말하려고 해서 화가 났다.

● 의미상 주어로 목적격 사용

Do you mind me coming **in?** 제가 들어가도 될까요?

We're sure of the rumor being **true.**

우리는 그 소문이 사실일 것이라고 확신한다.

I saw him getting **off the bus.** (hear, watch, feel 등)

나는 그가 버스에서 내리는 것을 봤다.

2] 의미상의 주어를 밝히지 않는 경우

● 의미상의 주어가 주어나 목적어와 일치하는 경우

I feel like my(X) **going for a walk.** 나는 산책하고 싶다.

● 의미상의 주어가 일반인 주어일 경우

Our(X) **Exercising every day is good for health.**

매일 운동하는 것은 네 건강에 좋다.

● 누구나 알 수 있는 주어일 경우

Thank you for your(X) **coming.** 와줘서 고마워.

⌐ **영어로 말해보기** ⌐

1 매일 운동하는 것은 건강에 좋다. **Exercising every day is good for health.**

2 그 차는 수리를 필요로 한다. **The car needs repairing.**

3 덜 먹는 것이 네 건강에 좋다.(eat less) **Eating less is good for your health.**

4 좋아하는 스포츠는 테니스 치는 것이다. **My favorite sport is playing tennis.**

5 나는 너를 보는 것을 손꼽아 기다리고 있다.(look forward to~ing)

I'm looking forward to seeing you.

1. 긍정추측

긍정추측

말하는 사람의 확신의 정도에 따라 다음과 같이 구분하여 쓴다.

could⟨ might⟨ may⟨ should⟨ have(has) got to⟨must

0%	100%
불확실	확실

⟨예⟩

She **could** be married. 그녀는 결혼했을 수도 있다.

She **might** be married. 그녀는 결혼했을지도 모른다.

She **may** be married. 그녀는 결혼했을지도 모른다.

She **should** be married. 그녀는 결혼했을거다.

She **has got to** be married. 그녀는 결혼했을거다.

She **must** be married. 그녀는 결혼했음에 틀림없다.

2. 부정추측

부정추측

말하는 사람의 확신의 정도에 따라 다음과 같이 구분하여 쓴다.

might not⟨ may not⟨ must not(mustn't)⟨ cannot(can't)

0%	100%
불확실	확실

⟨예⟩

She **might not** be sick. 그녀는 아프지 않을지도 모른다.

She **may not** be sick. 그녀는 아프지 않을지도 모른다.

She **must not(mustn't)** be sick. 그녀는 아프지 않음에 틀림없다.

She **cannot(can't)** be sick. 그녀는 아플리가 없다.

3. Why~?

Why don't we~?, Why don't you~?, Why don't I~?는 각각 '우리 ~ 하는게 어때?', '너 ~ 하는게 어떠니?', '나 ~ 할까?' 라는 뜻으로 의미가 서로 다르다.

⟨비교⟩

Why don't we go out for a walk? 우리 산책 나가는 게 어떨까?(= Let's~)

Why don't you buy some new clothes? 너 새 옷을 사는 게 어때?

Why don't I just skip the class? 나 그냥 수업 빼먹을까?(= Let me~)

💬 Grammar in DIALOG

A **What's wrong?**
B **I don't know. She doesn't stop crying.**
A **I think she is hungry.**
B **Oh, I forgot to feed her.**

A 뭐가 잘못됐지?   B 몰라. 울음을 멈추지 않아.
A 배고픈 것 같은데.   B 아, 밥 먹이는 걸 잊었다.

 POINT

1   to 부정사만 목적어로 취하는 동사는 want, need, hope, expect(예상하다), decide(결정하다), plan, would like, would love 등이다.

What a surprise! I didn't expect to see you here.
놀래라! 너를 여기서 볼 줄 몰랐어.

agree	ask	decide	expect	fail	hope	offer
promise	refuse	want	wish	plan		

*동사+목적어+to 부정사

다음은 to부정사 앞에 목적어를 써서 「동사+목적어+to부정사」 형태로 쓸 수 있는 동사들이다.

advise	allow	ask	expect	force	get	invite
order	remind	teach	tell	want	would like	

I want you to come to my birthday party.
나는 네가 내 생일파티에 왔으면 좋겠어.

I didn't expect her to come this early.
나는 그녀가 이렇게 빨리 오리라고는 예상하지 못했다.

178

Who taught you to swim**?** 누가 너에게 수영하는 것을 가르쳐줬니?

Please remind me to call **Ann tomorrow.**

내일 Ann에게 전화할 것을 상기시켜줘.

2 동명사만 목적어로 취하는 동사는 finish, mind, avoid(피하다), stop, enjoy, give up(포기하다), consider 등이다.

admit	appreciate	avoid	consider	delay
deny	dislike	enjoy	finish	forgive
give up	(can't) help	imagine	keep (on)	mind
suggest	(can't) stand	postpone(put off)		

I finished working**.** 나는 일을 마쳤다.

He's finished repairing **his car.** 그는 차 수리하는 것을 끝마쳤다.

My uncle has given up smoking**.** 삼촌은 담배를 끊으셨다.

I can't help falling **in love with you.**

나는 너와 사랑에 빠지지 않을 수 없다.

The doctor suggested taking **a long holiday.**

의사선생님이 긴 휴가를 떠나라고 제안하셨다.

*「동사+목적어+동사-ing」 다음은 「동사+목적어+동명사」 형태를 취하는 동사들이다.

dislike	imagine	stop	spend	see	stop/prevent~(from)

I dislike people telling **a lie.** 나는 사람들이 거짓말하는 것을 싫어한다.

I can't imagine him cooking**.** 나는 그가 요리하는 것을 상상할 수 없다.

My grandpa spends all his time gardening**.**

할아버지는 정원일 하면서 모든 시간을 보내신다.

I saw him getting **out of the car.** 나는 그가 차에서 내리는 것을 봤다.

This treatment will prevent cancer (from) developing**.**

이 치료가 암의 진행을 막을 것입니다.

3 to 부정사와 동명사 모두 목적어로 취하는 동사는 like, love, prefer, hate, start, begin, continue 등이다. 둘 사이의 의미 차이는 거의 없다.

비가 오기 시작했다.

It began to rain**. = It began** raining**.**

4 동명사와 to 부정사 모두 목적어로 **취하면서 서로 뜻이 달라지는 동사는**
remember, forget, stop, try 등이다.

remember+동명사: ~한 것을 기억하다
remember+to부정사: ~할 것을 기억하다

Remember to go to see a doctor today. 오늘 병원 가는거 기억해라.

I remember seeing him once before. 지난번 그를 만난거 기억한다.

forget+동명사: ~한 것을 잊다
forget+to부정사: ~할 것을 잊다

I forgot calling you. 너에게 전화한 걸 잊었어.

I forgot to call you. 너에게 전화할 것을 잊었어.

stop+동명사: ~하던 일을 멈추다
stop+to부정사: ~하려고 멈추다

Stop bothering me. 나 그만 괴롭혀.

He stopped to say hello to me. 그는 나에게 인사하기 위해 멈췄다.

try+동명사: 시험삼아 ~해보다
try+to부정사: ~하기 위해 노력하다

I tried eating Mexican food. 난 멕시코 음식을 먹어봤어.

I tried to help him. 난 그를 도우려고 했어.

영어로 말해보기

1 나는 일본으로 떠나지 않기로 결심했다.(leave for)

I decided not to leave for Japan.

2 나는 영어공부하는 것을 즐긴다.

I enjoy learning English.

3 나는 계속 이야기했다.

I continued talking.

4 나는 지난번 그를 만난거 기억한다.(~once before)

I remember seeing him once before.

5 그는 나에게 인사하기 위해 멈췄다.

He stopped to say hello to me.

 **CHECK IT OUT**

독립분사구문의 예

1 「There is no ~ing」 ~하는 것은 불가능하다 (=It is impossible to~)
There is no telling what will happen in the future.
미래에 일어날 일을 말한다는 것은 불가능하다.
(=It is impossible to tell what will happen in the future.)

2 「It is no use ~ing」 ~해도 소용없다
It is no use crying over spilt milk. 엎질러진 우유를 놓고 울어봤자 소용없다.

3 「cannot help ~ing」 ~하지 않을 수 없다 (=cannot but + 동사원형)
I cannot help falling in love with you. 나는 너와 사랑에 빠지지 않을 수 없다.
(=I cannot but fall in love with you.)

4 「be busy (in) ~ing」 ~하느라 바쁘다
I've been busy working. (그동안) 일하느라 바빴다.

5 「feel like ~ing」 ~하고 싶다
I feel like throwing up. 토할 것 같다.
I don't feel like going out tonight. 오늘밤엔 외출할 기분이 나질 않는다.

6 「go ~ing」 ~하러 가다
Let's go hiking. 등산(하이킹) 가자.   Let's go dancing. 춤추러 가자.
Let's go fishing. 낚시하러 가자.   Let's go skiing. 스키타러 가자.

7 「look forward to ~ing」 ~하기를 손꼽아 기다리다
I look forward to seeing you. 뵙기를 손 꼽아 기다릴게요.

8 「get(=be) used to ~ing」 ~에 익숙해지다 (=get(=be) accustomed to~)
I got used to driving a car after dark. 나는 저녁에 운전하는데 익숙해졌다
(=I got accustomed to driving a car after dark.)
I'm not used to living in Seoul. 나는 서울에 사는 것에 익숙하지 않다.
(=I'm not accustomed to living in Seoul.)

9 「be worth ~ing」 ~할 가치가 있다
France is worth visiting. 프랑스는 방문할 가치가 있다.

10 「On ~ing」 ~하자마자 (=As soon as 주어+동사)
On seeing the police officer, he ran away. 경찰관을 보자마자 그는 도망갔다.
(=As soon as he saw the police officer, he ran away.)

11 「not(never) … without ~ing」 ~하지 않고는 …하지 않는다
You can't make an omelette without breaking eggs.
<속담> 달걀을 깨지 않고 오믈렛을 만들 수는 없다.(희생없이 목적을 달성할 수 없다.)

12 「need ~ing」 ~될 필요가 있다 (=need to+be+pp: 수동의 의미)
This car needs washing. 이 차는 세차되어야 한다.
(=This car needs to be washed.)
Your shoes need mending. 네 신발은 수선되어야 한다.
(=Your shoes need to be mended.)

Chapter 11　수동태

Unit 64 　능동태와 수동태

💬 **Grammar in DIALOG**

A **What is it?**
B **I don't know. It's written in Japanese.**
A **Let me see. You're invited to Akiko's birthday party.**
B **Really? That's great.**

A 그게 뭐야?　　　　　　　　　　　　　　B 몰라. 일본말로 쓰여 있어.
A 어디보자. 너 Akiko 생일파티에 초대됐어.　　B 정말? 그거 좋은데.

 POINT

1 행위를 누구의 관점에서 표현하느냐에 따라 능동태와 수동태로 나눌 수 있다.

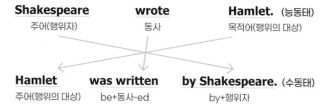

Shakespeare　　　　　**wrote**　　　　　**Hamlet.** (능동태)
　주어(행위자)　　　　　　동사　　　　　　목적어(행위의 대상)

Hamlet　　　**was written**　　　**by Shakespeare.** (수동태)
주어(행위의 대상)　　be+동사-ed　　　　　by+행위자

Jane is loved by everybody. Jane은 모두에게 사랑받는다.

This cake was made by my mother. 이 케익은 엄마에 의해 만들어졌다.

(**more tips!**) 수동태에서 「be+동사-ed」 대신 「get+-동사-ed」를 쓰기도 한다.

John got arrested for drunken driving yesterday.
John은 어제 음주운전으로 체포되었다

2 능동태는 '누가~한다'로 행위를 하는 행위자에 초점을 두는 반면 수동태는 '누가 ~받는다/ 당한다'로 행위를 당하는 대상에 초점을 둔다.

184

(능동태) **A mosquito bit me.** 모기가 나를 물었다.

(수동태) **I was bitten by a mosquito.** 나는 모기에게 물렸다.

3 수동태는 행위자가 중요하지 않을 때나 행위자가 누구인지 짐작할 수 있을 때 또는 행위의 대상을 강조할 때 사용한다.

Rome wasn't built in a day. 로마는 하루아침에 이루어지지 않았다.

English is spoken in many countries. 많은 나라에서 영어가 말해진다.

The letter was written in Chinese. 그 편지는 중국말로 쓰여져 있었다.

I was born in Seoul. 나는 서울에서 태어났다.

4 수동태에서 by+행위자는 일반 사람이나 중요하지 않을 경우 생략될 수 있다.

He is called Mr. Perfect. 그는 완벽주의자라고 불려진다.

The window is broken. 창문이 깨져있다.

5 수동태의 시제에 따른 변화는 다음과 같다.

(현재) **Jane is loved by everybody.** Jane은 모든 사람들에게 사랑을 받는다.

(과거) **Your car was towed away.** 네 차가 견인 되어 갔어.

This house was built 10 years ago. 이 집은 10년 전에 지어졌다.

(미래) **You will be punished.** 너는 벌 받을거야.

The store will be closed at 9 pm. 그 상점은 9시에 문 닫을거야.

(현재진행)

Spaghetti is being cooked by my mother.
스파게티가 엄마에 의해 요리되고 있다.

The car is being towed away. 그 차가 견인되고 있다.

(현재완료)

Pizza has been delivered. 피자가 배달되었다.

The secret has been kept for a long time.
그 비밀이 오랫동안 지켜졌다.

영어로 말해보기

1 이 케익은 엄마에 의해 만들어졌다. **This cake was made by my mother.**
2 로마는 하루아침에 이루어지지 않았다. **Rome wasn't built in a day.**
3 여기에 주차하도록 허락되지 않는다. **You aren't allowed to park here.**
4 그 상점은 9시에 문 닫을거야. **The store will be closed at 9 PM.**
5 비밀이 오랫동안 지켜졌다.(keep) **A secret has been kept for a long time.**

Unit 65 수동태표현

💬 Grammar in DIALOG

A **Something smells good.**

B **Cake is being made by Mary. She will take it to the party.**

A **Are you invited to the party, too?**

B **Yes, I am. I'm really looking forward to it.**

A 뭔가 냄새 좋은데.　　B Mary가 케익 만들고 있어요. 파티에 가져간대요.
A 너도 파티에 초대 받았니?　B 네. 정말 기대돼요.

✏️ POINT

1 수동태의 부정문은 be동사 뒤에 not을 붙인다.

   This movie is not liked by young people.
   이 영화는 젊은 사람들에게는 인기가 없다.

2 수동태의 의문문은 be동사 또는 조동사를 맨 앞에 쓴다. 의문사로 시작하는 의문문은 의문사를 맨 앞에 쓴다.

   Was it painted by Picasso? 그것은 피카소가 그린 것이니?

   Will the thief be caught soon? 그 도둑이 곧 잡힐까?

   Where was the child found? 어디에서 그 아이가 발견되었지?

3 명령문의 수동태

   명령문은 주어를 쓰지 않는 것이 원칙이므로 수동태에서도 「by+행위자」를 쓰지 않는다.

   ● 긍정명령문 「Let+목적어+be+pp」

   〈능〉 **Do it.** → 〈수〉 **Let it be done.** 그것을 하게끔 해라.

   ● 부정명령문 「Let+목적어+not+be+pp」 또는 「Don't+let+목적어+be+pp」

   〈능〉 **Don't do it.** → 〈수〉 **Let it not be done.** (=**Don't** let it **be done.**)
   　그것을 행해지지 않게 해라.

186

4 to 부정사의 수동태

to부정사 뒤에 be동사의 원형인 be를 쓴다. 「to부정사+be+pp」

I'm glad to be invited **to the party.** 나는 파티에 초대 되어서 기쁘다.

Most people like to be given **presents.**
대부분 사람들은 선물 받는 것을 좋아한다.

5 동명사의 수동태

be동사의 동명사 형태인 being을 쓴다. 「being+pp」

I hate being treated **unfairly.** 나는 불공평하게 취급받는 것이 싫어.

I don't like being told **what to do.**
나는 무엇을 하라고 지시받는 것을 좋아하지 않는다.

Nobody likes being kept **waiting.**
아무도 기다리는 것을 좋아하지 않는다.

6 조동사가 있는 문장의 수동태는 「조동사+be동사+과거분사」 형태로 쓴다.

This work can be done **right away.**
이 일은 당장 이루어질 수 있다.(끝날 수 있다)

The car may be parked **over there.**
그 차는 아마 저쪽에 주차되어 있을거다.

7 동사에 따라 「by+행위자」 자리에 다른 「전치사+명사」가 올 수 있다.

Look at the mountain. It's covered with **snow.**
저 산을 봐. 눈으로 덮여 있다.

I'm interested in **sports.** 나는 스포츠에 관심 있다.

Are **you** satisfied with **your job?** 너는 네 일에 만족하니?

The singer is known to **everybody.** 그 가수는 모두에게 알려져 있다.

I was surprised at **the news.** 나는 그 소식에 놀랐다.

영어로 말해보기

1 그 문제는 풀리지 않았다.(현재완료) **The problem has not been solved.**
2 언제 그 책이 출판되었지?(publish) **When was the book published?**
3 Jane은 트럭에 치였다.(run over) **Jane was run over by a truck.**
4 이 일은 당장 이루어질 수 있다. **This work can be done right away.**
5 너는 네 일에 만족하니? **Are you satisfied with your job?**

주의해야 할 수동태

💬 Grammar in DIALOG

A **What a nice sweater!**

B **Yes, it is! It was made for me by my grandma.**

A **Really? She's *handy with a needle. That looks good on you.**

B **Thanks.** *handy 솜씨 좋은

A 와 스웨터 멋지다!   B 어, 그래! 할머니가 만들어주신거야.

B 정말? 할머닌 바느질 솜씨가 좋으시구나. 너한테 잘 어울린다.   B 고마워.

 POINT

1 동사구 수동태

두개 이상의 단어가 모여서 동사 역할을 하는 것을 동사구 「(동사+부사/전치사」, 「동사+명사/부사+전치사」)라고 한다. 이때 동사구는 하나의 동사처럼 취급하여 수동태를 만든다.

<능> 「주어+동사구+목적어」

→ <수> 「주어(능동태 문장의 목적어)+be동사+동사구(pp형태) (+by+행위자)」

<능> **Everybody laughed at me.** 모두가 나를 비웃었다.

<수> **I was laughed at by everybody.** 나는 모두에게 비웃음을 당했다.

<능> **I always make a fool of Sally's big nose.**
나는 항상 Sally의 큰 코를 놀린다.

<수> **Sally's big nose is always made a fool of by me.**
Sally의 큰 코는 항상 나에게 놀림을 당한다.

2 4형식 문장(목적어가 두개인 문장) 수동태

「주어+동사+간접목적어+직접목적어」 형태의 4형식 문장을 수동태로 만드는 경우에서는 어느 것이 강조되느냐에 따라 간접목적어와 직접목적어 모두를 주어로 취할 수 있다.

<능>「주어+동사(대부분의 4형식동사)+간접목적어+직접목적어」

→ <수1>「주어(간접목적어)+be동사+pp+직접목적어 (+by+행위자)」

→ <수2>「주어(직접목적어)+be동사+pp+전치사(to/for~)+간접목적어 (+by+행위자)」

<능> **Kevin gave me a present.** Kevin은 나에게 선물을 줬다.

<수1> **I** was given a present by **Kevin.** 나는 Kevin에게 선물을 받았다.

<수2> **A present** was given to me by **Kevin.**

선물은 Kevin에 의해 주어졌다.

(**more tips!**)

4형식 동사 중 make나 buy의 경우 간접목적어 앞에 to 대신 for를 쓰고 또한 직접목적어만 수동태 문장의 주어가 될 수 있음을 유의한다. 이처럼 직접목적어만 수동태 문장의 주어가 될 수 있는 4형식 동사는 make, buy, send, pass, write 등이 있다.

<능> **My mother made me this sweater.**

엄마가 이 스웨터를 내게 만들어주셨다.

<수1> **This sweater** was made for me by **my mother.**

이 스웨터는 나를 위해 엄마에 의해 만들어졌다.

<수2> **I was made this sweater by my mother.** (X)

3 5형식 문장(목적어와 목적보어가 있는 문장) 수동태

「주어+동사+목적어+목적보어」형태의 5형식 문장을 수동태로 만들기 위해서는 일반적으로 목적어를 수동태문장의 주어로 쓰고 목적격 보어를 그대로 쓴다. 하지만 상황에 따라 보어가 to부정사 등으로 바뀌는 경우도 있다.

<능>「주어+목적어+목적격보어」

→ <수>「주어(능동태 문장의 목적어)+be동사+pp+목적격보어 (+by+행위자)」

<능> **Everybody calls him a fool.** 모든 사람이 그를 바보라고 부른다.

<수> **He** is called a fool (by everybody).

그는 (모든 사람에 의해) 바보라고 불린다.

<능> **I thought him a great singer.** 나는 그를 훌륭한 가수라고 생각한다.

<수> **He** was thought a great singer. 그는 훌륭한 가수라고 생각되어졌다.

<능> **My boss made me work overtime.** 상사는 나를 초과근무 시켰다.

<수> **I** was made to **work overtime** by **my boss.**

나는 상사에 의해 초과근무 시켜졌다.

(**more tips!**)

사역동사 make를 이용한 「make+목적어+동사원형」문장을 수동태 문장으로 만들

경우 목적보어인 '동사원형'은 'to부정사' 형태가 된다는 점을 유의한다.

4 목적어가 명사절일 때 수동태

목적어가 명사절일 경우 수동태 문장에서 가주어 it을 사용한다. It is thought that ~, It is believed that ~, It is expected that ~ 등이 이와 같은 구조이다. 또한 명사절의 주어를 문장의 주어로 쓰는 경우에는 that 절의 동사는 to부정사로 바꿔 쓴다.

<능> 「주어+동사+목적어(명사절)」

→ <수1> 「It(가주어)+is/was+pp+that+주어+동사」

「주어(능동태 문장의 목적어)+be동사+pp(+by+행위자)」

→ <수2> 「주어(명사절의 주어)+be동사+pp+to+동사원형」

<능> **They say that he is honest.** 사람들은 그가 정직하다고 말한다.

<수> **That he is honest is said (by them)** 그는 정직하다는 말은 듣는다.

→ It is said that **he is honest.** 가주어 'It' 사용

→ He is said **to be honest.** 명사절의 주어를 문장의 주어로 쓰는 경우

<능> **They expect that the strike will end soon.**

그들은 파업이 곧 중단될 것이라고 예상한다.

<수> **That the strike will end soon is expected by them.**

파업이 곧 중단될 것이라고 그들에 의해 예상된다.

→ It is expected that **the strike will end soon.**

가주어 It 사용

→ The strike is expected to **end soon.**

명사절의 주어를 문장의 주어로 쓰는 경우

(**more tips!**) 목적어와 목적보어의 관계가 수동일 경우 목적보어는 과거분사를 쓴다.

I got(=had) **my picture taken.** 나는 사진을 찍었다(찍게 했다).

(my picture: 목적어, taken: 목적보어)

I must have my watch repaired.

나는 내 시계를 고쳐야(고치게 해야) 한다. (my watch: 목적어, repaired: 목적보어)

영어로 말해보기

1 모두가 나를 비웃었다.　　　　　　　　 **Everybody laughed at me.**

2 나는 Kevin에게 선물을 받았다.　　　　 **I was given a present by Kevin.**

3 그는 정직하다는 말은 듣는다.(가주어 It 사용) **It is said that he is honest.**

4 그는 훌륭한 가수라고 생각되었다.　　　 **He was thought a great singer.**

5 그는 (모든 사람에 의해) 바보라고 불린다. **He is called a fool (by everybody).**

CHECK IT OUT

[1] 직설법과 가정법

직설법(조건문) 문장은 '만약 ~라면 …할 것이다'라는 뜻으로 현실가능성이 비교적 높을 때 쓴다. 가정법문장은 현재나 과거의 사실과 다르게 가정하면서 '아쉬움,' '불안감'을 나타낼 때 사용한다. 가능성이 희박한 미래에 대해 상상할 때 쓰기도 한다.

현재 미래
If you marry John, you will be happy.
(직설법(조건문): 현실성 있음)

과거 *조동사+동사원형 *조동사: would/should/could/might
If you married John, you would be happy.
(가정법과거: 현재 사실과 반대거나 현실성 희박함)

과거완료 *조동사 have+p.p. *조동사: would/should/could/might
If you had married John, you would have been happy.
(가정법과거완료: 과거사실의 반대)

[2] 지시대명사 that/those

지시대명사 that/those는 명사의 반복을 피하기 위해 쓰기도 한다.

The population of China is much larger than that of Korea.
중국의 인구는 한국(의 인구)보다 훨씬 많다.

Prices in New York are higher than those in Texas.
뉴욕의 물가는 텍사스(의 물가) 보다 높다.

[3] 형용사위치

대부분의 형용사는 명사 앞과 동사 뒤에 모두 올 수 있지만 예외가 있다. afraid, alive, alike, aware, ashamed, asleep, alone 등과 같은 형용사는 "I' afraid of being in the dark"와 같이 연결동사 뒤에 와서 서술적으로만 사용되는 반면 main, only, live, mere, elder, former, upper, drunken 등의 형용사는 "What is the main idea of this passage?"와 같이 명사 앞에 와서 그 명사를 꾸미는 기능만 한다.

Chapter 12　전치사(구)

Unit 67 시간전치사 1

💬 Grammar in DIALOG

A When is the concert?
B It is on December 31st.
A What time?
B It starts at 7:30.

A 언제가 콘서트인가요?   B 12월 31일에 해요.
A 몇시요?   B 7시 30분에 시작해요.

 POINT

1 전치사란

전치사의 목적어로는 명사, 대명사, 동명사, 명사절 등이 올 수 있다.

● 「전치사 + 명사」

I'm looking for Janet. 나는 Janet을 찾고 있다.

● 「전치사 + 대명사」

A good-looking man sat by me. 잘 생긴 남자가 내 옆에 앉았다.

● 「전치사 + 동명사」

I feel like going out. 나는 나가고 싶다.

● 「전치사 + 절」

Tell me about what happened yesterday.
어제 있었던 일에 대해 내게 말해.

more tips!

전치사의 목적어는 주로 전치사 다음에 오지만 상황에 따라 목적어가 전치사 앞에 위치하는 경우도 있다.

1. wh- 의문문일 경우

Who are you waiting for? 누구를 기다리고 있어?

194

2. 부정사 구문일 경우

I need some friends to hang around with.

나는 같이 어울릴 친구가 필요하다.

3. 관계사절일 경우

This is the book that I told you about. 내가 말했던 책이야.

2 시간 전치사 at 은 비교적 짧은 시간 앞에 쓴다.

at **8 o'clock** 8시에

at **dawn/ noon/ night/ midnight** 새벽에/정오에/밤에/자정에

3 in은 비교적 긴 시간 앞에 쓴다.

in **the morning/afternoon/evening/middle of the night**
아침에/오후에/저녁에/한밤중에

in **April/ June** 4월에/ 6월에

in **(the) spring/summer/fall/winter** 봄/여름/가을/겨울에

in **2015/2019/2024** 2015년에/ 2019년에/ 2024년에

4 on은 특정한 날이나 특정한 날의 일부분 앞에 쓴다.

요일: on **Sunday(s)/** on **Monday(s)** 일요일(마다)에/ 월요일(마다)에

요일의 일부분: on **Sunday morning/** on **Friday night**
일요일 오전에/ 금요일 밤에

날짜: on **July 24/** on **December 29** 7월 24일에/ 12월 29일에

특정한 날: on **Christmas Day/** on **Valentine's Day**
크리스마스 날에/ 발렌타인데이에

5 next, last, this, every, all 등이 시간을 나타내는 명사 앞에 쓰이면 전치사를 생략한다.

See you next **week.** 다음 주에 보자.

I went to Europe last **Christmas.** 나는 지난 크리스마스에 유럽에 갔다.

Jack will be here this **Friday.** Jack이 이번 금요일에 여기에 올거야.

영어로 말해보기

1 누구를 기다리고 있어?	**Who are you waiting for?**
2 나는 나가고 싶어.(feel like)	**I feel like going out.**
3 다음주에 보자.	**See you next week.**
4 같이 어울릴 친구가 필요해.	**I need some friends to hang around with.**
5 Tom은 다음 월요일에 여기에 올거야.	**Tom will be here next Monday.**

💬 Grammar in DIALOG

A **What will you do during the summer vacation?**
B **I'll go to Paris.**
A **How long will you be there?**
B **For about a couple of weeks.**

A 여름방학에 뭐할거야?   B 파리에 갈거야.
A 얼마나 있을건데?   B 두주 정도.

1 시간 전치사 for는 '~동안에'라는 뜻으로 구체적인 기간 앞에 쓴다.

I'll stay in Japan for a month. 나는 일본에 한 달 동안 머무를거야.

2 during은 '~중에'라는 뜻으로 for와 비슷한 뜻이지만 for는 주로 뒤에 「숫자+명사」가 오고 during은 「the+특정기간」을 나타내는 명사가 온다.

I went to Malaysia during the vacation.
나는 방학동안에 말레이시아에 갔다.

During the weekend someone broke into the building.
주말동안 누가 건물에 침입했다.

more tips!   How long ~?에 대한 답일 경우에는 for, When ~?에 대한 답일 경우에는 during을 각각 사용한다고 생각하면 쉽게 이해할 수 있다.

3 through는 '~을 (관)통하여' 라는 뜻.

The Hang Gang flows through Seoul.
한강은 서울을 관통해 흐른다.

4 by는 '~까지' 라는 뜻으로 동작의 완료를 의미한다.

I have to go back home by 10 p.m. 나는 10시까지 집에 돌아가야해.

This book must be returned by **January 4.**

이 책은 1월 4일까지 반납해야 합니다.

5 until (or till)은 : by와 같이 '~까지'라는 뜻이지만 동작이 ~까지 계속 진행됨을 의미한다.

Can I stay until **this weekend?** 주말까지 머물러도 될까?

"How long will you be here?" "Until **Friday."**

"여기에 얼마나 오래 있을거야?" "금요일까지"

6 in 은 주로 미래문장에 쓰여서 '~후에, 만에' 라는 의미를 가진다.

I'll be there in **an hour.** 1시간 후에 거기 갈게.

7 within은 '~이내에'라는 뜻이다.

You have to finish your homework within **30 minutes.**

너 30분 안에 숙제 끝내야 해.

I hope to get a job within **the next two months.**

나는 두 달 안에 직장을 구하기를 희망한다.

8 from은 '~부터' 라는 뜻으로 완료형을 제외한 모든 시제에 쓸 수 있다.

Jack works from **nine to five.** Jack은 9시에서 5시까지 일한다.

9 since는 '~이래로'라는 뜻으로 주로 완료시제와 함께 쓴다.

I've lived in Seoul since **2024.** 나는 2024년 이래로 서울에 살아왔다.

I've been here since **the end of June.** 나는 6월 말부터 여기에 있었다.

10 after는 '~후에,' before는 '~전에'라는 뜻의 전치사이다.

We take a coffee break after **lunch.**

우리는 점심식사 후 커피를 마시며 쉰다.

영어로 말해보기

1 우리는 배드민턴을 세 시간 동안 쳤다.   **We played badminton for three hours.**
2 Beth는 수업 중에 졸렸다.(feel sleepy)   **Beth felt sleepy during the class.**
3 결과는 내일까지 나올거야.(come out)   **The result will come out by tomorrow.**
4 나는 여기에 금요일까지 머무를거야.   **I'll stay here until Friday.**
5 Jim이 여기에 30분 후에 도착할거야.   **Jim will get here in 30 minutes.**

Unit 69　장소전치사

 Grammar in DIALOG

A **Where is my coat?**
B **It's in the closet.**
A **Where are my glasses?**
B **They might be on the desk.**

A 내 코트는 어디 있어요?　　B 옷장에 있어.
A 내 안경은 어디 있나요?　　B 아마 책상위에 있을거야.

POINT

1 장소전치사 in은 '~안에' 또는 '~(비교적 넓은)공간 및 장소에'라는 뜻으로 쓴다.

There are some books in the box. 박스에 책이 좀 있어요.

"Where is David?" "He's in his room."
David은 어디 있어요? 방에 있어요.

I've lived in Seoul since I was born.
나는 태어나면서부터 서울에 살아왔다.

　(**more tips!**)　in을 이용한 주요어구

| in bed | in jail (= in prison) | in the hospital | in the sky |
| in the rain | in the sun | in the middle of ~ | in the distance |

2 at은 장소를 한 지점으로 말할 때 쓰고 (비교적 좁은) 장소나 같은 목적을 가지고 모인 장소에도 쓴다.

Somebody is at the door. 누가 문에 왔어요.

Sally's talking on the phone at her desk.
Sally는 책상에서 전화통화하고 있다.

Jack needs English at work. Jack은 직장에서 영어가 필요하다.

I had a great time at **the party.** 나는 파티에서 좋은 시간을 보냈다.

My friends and I did our homework at **Jane's (place).**
친구들과 나는 Jane 집에서 숙제를 했다.

> (**more tips!**) at을 이용한 주요어구
>
> | | | |
> |---|---|---|
> | at home | at work | at school |
> | at college | at the party | at the meeting |
> | at the traffic light(s) | at the door | at the window |

3 그밖에 방향과 위치를 나타내는 전치사는 다음과 같다.

●**above**: 막연한 위에

The plane flew away above **the clouds.**
비행기가 구름 위로 날아가 버렸다.

●**over**: 면이 닿지 않은 위에

Be careful. There is a bee over **your head.**
조심해. 네 머리 위에 벌이 있어.

●**on**: 표면에 접촉해서

Your cell phone is on **the table.** 네 핸드폰은 테이블 위에 있어.

●**under**: 아래에

I lay down under **the tree.** 나는 나무 아래에 누웠다.

A boat passed under **the bridge.** 보트가 다리 아래로 지나갔다.

●**below**: 막연한 아래에

The sun dipped below **the horizon.** 태양이 지평선 아래로 졌다.

● **in front of**: ~앞에

Who parked in front of **the entrance?** 누가 입구에 주차했어?

●**behind**: ~뒤에

He's standing behind **the chair.** 그는 의자 뒤에 서있다.

영어로 말해보기

1 나는 태어나면서부터 서울에 살아왔다. **I've lived in Seoul since I was born.**
2 나는 파티에서 좋은 시간을 보냈다. **I had a great time at the party.**
3 너의 핸드폰은 테이블 위에 있어. **Your cell phone is on the table.**
4 누가 입구에 주차했어?(entrance) **Who parked in front of the entrance?**
5 내가 너 옆에 앉아도 될까?(Can I~) **Can I sit next to you?**

그 밖의 주요 전치사

A **Have you ever traveled by KTX?**
B **No, not yet.**
A **Those trains are so fast. They can travel at 300 kilometers an hour.**
B **Wow, terrific!**
　*terrific 굉장한

A KTX로 여행해본적 있어?　　　 B 아니, 아직 안해봤어.
A 그 기차는 정말 빨라. 시속 300 킬로로 달릴 수 있어.　 B 와. 멋지다.

POINT

1 방향전치사

　● into '~안으로'
　It's too hot. Let's jump into the water. 너무 덥다. 물속으로 들어가자.

　● out of '~으로부터'
　He went out of the room. 그는 방 밖으로 나갔다.

　● up '~위쪽으로'
　The sun came up. 해가 떴다.
　We went up the hill. 우리는 언덕을 올라갔다.

　● down '~아래쪽으로'
　We came down the hill. 우리는 언덕을 내려왔다.
　A man came down the stairs. 어떤 남자가 계단을 내려왔다.

2 가격표시 전치사

　● at '~에' 낱개 가격
　I bought the USB at $5. 나는 그 USB를 5달러에 샀다.

200

● **for** '~에' 전체 가격

I bought the mouse for **$20.** 나는 그 마우스를 20달러에 샀다.

(more tips!) at은 속도, 온도, 나이 등을 표시할 때 쓴다.

Slow down. You are driving at **110 km an hour.**
속도를 줄여. 너 시속 110킬로로 운전하고 있어.

Sunny got married at **29.** Sunny는 29살에 결혼했다.

3 도구, 수단 전치사

● **by** ~로, ~를 타고

I'll pay by **check.** 수표로 지불할께요.

Karen goes to school by **bus.** Karen은 학교에 버스타고 다닌다.

4 그 외 전치사

● **with +사람:** ~와 함께

I live with **my parents.** 나는 부모님과 함께 살아요.

I need someone to talk with. 나는 얘기 나눌 누군가가 필요해.

● **with +사물:** ~를 가지고

Eat the fish with **the chopsticks.** 젓가락으로 생선을 먹어라.

I need something to write with. 나는 쓸 것(필기도구)이 필요해요.

● **between:** 둘 중의 '~사이'

I sat between **John and Mary.** 나는 John과 Mary 사이에 앉았다.

● **among:** 셋 중의 '~사이'

There is a cottage among **the trees.** 나무에 둘러싸인 오두막집이 있다.

● along: ~을 따라서

He was walking along **the street.** 그는 거리를 따라 걷고 있었다.

● aross: ~건너에, ~을 가로질러

She lives across **the river.** 그녀는 강 건너에 산다.

╲ **영어로 말해보기** ╱

1	뭔가 눈 속에 들어갔다.	**Something got into my eye.**
2	그는 방 밖으로 나갔다.	**He went out of the room.**
3	우리는 언덕을 내려왔다.	**We came down the hill.**
4	Karen은 학교에 버스타고 다닌다.	**Karen goes to school by bus.**
5	나무에 둘러싸인 오두막집이 있다.	**There is a cottage among the trees.**

Unit 71 전치사의 활용

💬 Grammar in DIALOG

**A I'm planning on going to a ski resort this
weekend. Do you want to come along?**

B Count me in. I care for skiing. Where to?

**A I'm thinking about the nearest ski resort,
Yongpyung.**

A 이번 주말에 스키리조트에 갈 생각이야. 같이 갈래?
B 나도 넣어줘. 나 스키타는거 좋아해. 어디로 가?
A 가장 가까운 용평으로 갈 생각이야.

1 「명사+전치사」

- **cause of** something ~의 원인
Carelessness is often a cause of accident.
부주의는 흔히 사고의 원인이 된다.

- **reason for** something ~의 이유
There is a reason for every important thing that happens.
일어나는 중요한 일에는 모두 이유가 있다.

- **difference between** two things ~사이의 차이
There are some differences between you and me.
너와 나 사이에는 차이점이 좀 있다.

- **relationship with** somebody/ something ~와의 관계
Do you have a good relationship with your relatives?
너는 네 친척들과 사이가 좋니?

2 「형용사+전치사」

- kind/ mean/ polite/ friendly/ good to somebody ~에게 친절한/ 못된/ 정

친한/ 친근한/ 잘해주는

Be kind to everybody. 모두에게 친절해라.

● mad/ upset/ angry about something ~에 대해서 화난

Susie is mad about what you said to her.

Susie는 네가 그녀에게 한 말에 대해 화가 나있어.

● mad at somebody ~에게 화난

Are you mad at me? 나한테 화났니?

● angry at/ with somebody ~에게 화난

I'm not angry at(with) you. 나는 너에게 화나지 않았어.

● worried/ nervous/ excited about something ~에 대해 걱정하는/ 긴장한/
신나는

I'm worried about his health. 그의 건강이 걱정이다.

What are you so nervous about? 왜 그렇게 긴장하고 있니?

● engaged/ married to somebody ~와 약혼/ 결혼하다

Liz is married to a Japanese. Liz는 일본인과 결혼했다.

● tired/ sick of somebody/ something ~에 싫증을 느낀

I'm sick of eating the same food. 나는 같은 음식 먹는 것에 질렸다.

● proud/ ashamed/ jealous of somebody/ something ~를 자랑으로 여기
는/ 부끄러운/ 질투하는

I'm ashamed of what I did at the party.

파티에서 내가 한 일에 대해 부끄럽다.

3 「동사+전치사」

● apply for a job/ something ~에 지원하다, ~를 신청하다

Are you going to apply for the open position in Sales?

그 영업부 빈 자리에 지원할거예요?

● belong to somebody ~에게 속하다

Does this blue coat belong to you? 이 파란 코트는 네 것이니?

● care about somebody/ something ~를 상관하다/ 관심 갖다

She has never cared about her appearance.

그녀는 외모에 전혀 신경 쓰지 않아 왔다.

● care for somebody/ something ~를 좋아하다, ~를 돌보다

I don't care for coffee that much. 난 커피를 그리 좋아하지 않아요.

● complain about somebody/ something ~에 대해 불평하다

She complained about the high cost of visiting Europe.

그녀는 유럽을 방문하는데 드는 비싼 비용에 대해 불평했다.

- complain of pain or illness ~아픔이나 병에 대해 불평하다

He complained of a headache. 그는 두통을 불평했다.

- consist of something ~로 이루어져 있다

This book consists of 14 chapters. 이 책은 14장으로 이루어져 있다.

- count on somebody/ something ~를 믿다, 의지하다

There are few people to count on around me.
내 주위에는 믿을 만한 사람이 거의 없다.

- depend on(upon) somebody/ something ~에 달려있다

How much it costs depends upon how much you buy.
비용이 얼마냐는 네가 얼마나 사느냐에 달려있다.

- dream about somebody/ something ~에 대한 꿈을 꾸다

What did you dream about last night? 어젯밤 무슨 꿈 꿨니?

- dream of somebody/ something ~을 꿈꾸다/ 그리다

I've dreamed of someone like you. 나는 당신 같은 사람을 꿈꿔 왔어요.

- hear about somebody/ something ~에 대해서 듣다

Did you hear about what happened last night?
어젯밤 무슨 일이 있었는지 들었니?

- hear of somebody/ something ~(의 존재)에 대해서 들어보다

I've never heard of the restaurant. Where is it?
나는 그 음식점에 대해 들어본 적이 없어. 어디 있니?

영어로 말해보기

1	그 사고의 원인은 뭐였니?	**What was the cause of the accident?**
2	나는 그의 건강이 걱정이다.	**I'm worried about his health.**
3	나는 같은 음식 먹는 것에 질렸다.(sick)	**I'm sick of eating the same food.**
4	나는 그 일(자리)에 지원할거야.	**I'm going to apply for the job.**
5	그는 두통을 불평했다.	**He complained of a headache.**

✅ **CHECK IT OUT**

[1] 동사 have가 '소유'의 뜻으로 쓰였을 경우 진행형시제를 쓸 수 없지만 '시간을 보내다' 또는 '먹다, 마시다'의 뜻으로 쓰였을 경우 진행형이 가능하다.

I have **a lot of work to do.** 나는 할 일이 많다.
We're having **a great time here.** 우리는 여기에서 좋은 시간을 보내고 있다.

[2] have to(have got to)와 must의 비교

have to(have got to)	must
1. 필요와 의무 　I have to(have got to) study English.	1. 필요와 의무 강조 (보다 긴급한/ 중요한 상황) 　I must study English.
2. 객관적인 의무를 강조 　I **have to(have got to)** stop smoking. (의사선생님이나 건강상의 이유로 담배를 끊어야 하는 경우) 　Do you **have to** wear a tie? (넥타이를 매야하는 규칙이 있는지 묻는 경우)	2. 말하는 사람이나 듣는 사람의 주관적인 느낌과 강한 의지 강조 　I **must** stop smoking. (내가 담배를 끊기를 정말 원하는 경우) 　**Must** you wear that tie? (네가 그 넥타이를 매기를 정말 원하는지 질문하는 경우)

동사구, 동사+전치사, 동사+부사

💬 Grammar in DIALOG

A It is too tight for me, doesn't it?
B Well, you can get a bigger one. Here you are.
You can take it off and try this on.
A This one fits. How much is it?

A 이건 내게 너무 끼이네요, 그렇지 않아요?
B 더 큰 것도 있습니다. 여기요. 지금껀 벗으시고 이걸 입어보세요.
A 이게 맞네요. 얼마예요?

✎ POINT

1 동사구(phrasal verbs)

동사구는 「동사+in, out, up, down, away, around, about, over, by, out, off, back, through, along 등」의 형태이다.

2 동사구+목적어

목적어가 있는 동사구(동사+부사)일 경우, 동사구와 목적어의 어순이 중요하다. 목적어
가 명사일 때 동사구 사이에 오거나 동사구 뒤에 위치할 수 있지만 대명사일 때 동사구
사이에 와야 한다.

목적어가 명사일 경우:
put on my pants. (O) I put my pants on. (O)

목적어가 대명사일 경우:
I put them on. (O) I put on them. (X)

3 흔히 쓰는 동사구

put on	I **put on** my hat. 나는 모자를 썼다.
take off	**Take off** your coat. 코트를 벗어라.

come in	He **came in** the room. 그는 방에 들어왔다.
come out	The sun **came out**. 해가 떴다.
go in(to)	He **went into** the meeting room. 그는 회의실에 들어갔다.
go out	The lights **went out**. 전기가 나갔다.
get in	He **got in** the car. 그는 차에 탔다.
get out	Get **out** of the car. 차에서 내려.
get on	I **got on** the elevator. 나는 엘리베이터에 올랐다.
get off	They **got off** the bus. 그들은 버스에서 내렸다.
wake up	It's time to **wake up**. 일어날 시간이야. **Wake** him **up**. 그를 깨워라.
get up	I **get up** at 7. 나는 7시에 일어난다.
make up	**Make up** your face. 화장해.
look out/ watch out	**Look out** for cars. 차 조심해.
see off	I'm going to the airport to **see off** my friend. 난 내 친구를 배웅하기 위해 공항으로 가고 있는 중이야.
fill out	Could you **fill out** this form? 이 양식을 작성해 주실래요?
show up	He didn't **show up** at the meeting. 그는 회의에 나타나지 않았다.
put out	Please **put out** your cigarette. 담배를 꺼주세요.
pick up	**Pick** me **up** at 6. 6시에 나를 데리러와.
drop off	**Drop** me **off** over there. 나를 저쪽에서 내려줘.

영어로 말해보기

1 저 영화에 Brad Pitt가 나왔다.   **Brad Pitt came out in that movie.**
2 우리는 저녁식사 하러 나갔다.   **We went out for dinner.**
3 조심해! 자동차가 오고 있어.   **Look out! There is a car coming.**
4 그는 회의에 나타나지 않았다.   **He didn't show up at the meeting.**
5 나를 저쪽에서 내려줘요.   **Drop me off over there.**

Chapter 13   접속사

Unit 73 접속사 and / but / or / so

💬 **Grammar in DIALOG**

A You look sick.
B I have a cold, but I feel OK.
A Call me after class. I'll pick you up.
B Thanks, mom.

A 너 아파보인다.   B 감기걸렸는데 괜찮아요.
A 수업 끝나고 전화해. 데리러 갈게.   B 고마워요, 엄마.

1 단어와 단어, 구와 구, 문장과 문장을 이어주는 것을 접속사라고 한다.

It's hot and humid. 덥고 습기 차다.

You can go there by bus or by subway.
너는 버스 또는 지하철을 타고 거기에 갈 수 있어.

Jack is young, but he is very smart. Jack은 어리지만 매우 영특하다.

2 and는 서로 비슷한 내용을 이어준다.

My father loves fishing and hiking. 아버지는 낚시와 등산을 좋아하신다.

I like coke, and my sister does, too.
나는 콜라를 좋아하는데 여동생도 역시 그렇다.

Sue and I are friends. Sue와 나는 친구다.

(**more tips!**) 「명령문+and」 '~해라, 그러면~'

Try to do your best, and everything will be all right.
최선을 다하도록 해라 그러면 모든 것이 다 잘 될 것이다.

(**more tips!**) to(~하려)의 의미와 같이 쓰이는 and

Go and see what he's doing. (=Go (to) see what he's doing.)

Come and see me. (=Come (to) see me.)

(**more tips!**) 「both A and B」 'A와 B 모두'

Both Tom and Jane are from the United States.

Tom과 Jane은 미국 출신이다.

Mandy is both pretty and clever. Mandy는 예쁘고 똑똑하다

3   but은 서로 반대되는 내용을 이어준다.

I like seeing a movie, but Paul doesn't.

나는 영화 보는 것을 좋아하지만 Paul은 그렇지 않다.

Maria is rich, but she isn't happy. Maria는 부자지만 행복하지 않다.

I helped her, but she didn't thank me.

나는 그녀를 도왔다. 하지만 그녀는 나에게 고마워하지 않았다.

(**more tips!**) 「A but B」 'A 그러나 B'

I arrived very early, but David arrived even earlier.

나는 매우 일찍 도착했는데 David은 더 일찍 도착했다.

(**more tips!**) 「not A but B」 'A가 아니라 B'

Not Cindy but you should be responsible for this.

Cindy가 아니라 네가 이것에 책임을 져야 한다.

(**more tips!**) 「not only A but (also) B」=B as well as A 'A뿐만 아니라 B 역시'

Not only Cindy but (also) you should be responsible for this. Cindy 뿐만 아니라 너도 이것에 책임을 져야 한다.

4   or는 둘 중 하나를 선택할 때 쓴다.

She may be a model or an actress. 그녀는 아마 모델이나 배우일거야.

Do you want to stay or go? 너는 있고 싶은거야, 가고 싶은거야?

Is it Wednesday or Thursday today? 오늘이 수요일이니, 목요일이니?

Would you like coffee or tea? 커피를 원하니 차를 원하니?

Is that a yes or a no? 그 말은 "예"니, "아니오"니?

(more tips!) 「A or B」 'A 또는 B'

Would you like coffee or **tea?** 커피 마실래, 차 마실래?

(more tips!) 「명령문+or」 '~해라, 그렇지 않으면~'

Come on time, or **you'll be in trouble.**

정각에 와, 그렇지 않으면 곤란해 질거야.

5 so는 원인과 결과를 말할 때 쓰고 so 뒤에 결과가 온다.

I stayed up all night, so **I am very tired.** 잠을 못자서 정말 피곤하다.

It rained heavily, so **they didn't go out.**

비가 많이 와서 그들은 나가지 않았다.

I didn't have a watch, so **I didn't know the time.**

시계가 없어서 시간을 몰랐다.

I left my key inside, so **I'm locked out of the room.**

열쇠를 안에 놔둬서 방문이 잠겨서 못 들어간다.

6 both A and B A와 B 둘 다   - 복수 취급한다.

either A or B A와 B 둘 중 하나   - 동사는 B에 일치시킨다.

neither A nor B A 와 B 둘 다 아닌   - 동사는 B에 일치시킨다.

Both **she** and **I are from Canada.** 그녀와 나 모두 캐나다 출신이다.

Either **Jane** or **I am going to attend the meeting.**

Jane이나 내가 회의에 참석할 예정이다.

Either **he** or **you have to finish it.**

그 사람이나 네가 그것을 끝마쳐야 해.

They can speak neither **English** nor **Korean.**

그들은 영어와 한국어 모두 못한다.

7 문장의 병렬구조

접속사는 문법적 기능이 동일할 경우의 형태가 같은 단어와 구, 절을 연결한다. 항상 병렬구조를 취하는 접속사는 and, but, or, not only~ but also…, not~ but…, both~ and…, either~ or…, neither~ nor… 등이다.

● 단어+ 접속사+ 단어

He was poor but **honest.** 그는 가난하지만 정직했다.

　　　　형용사　　　　형용사

212

I like both **reading** and **sleeping.** 나는 독서와 잠자는 것을 좋아한다.
　　　　　동명사　　　　　　　　동명사

● 구+ 접속사+ 구

People swim not only **in summer** but also **in winter.**
　　　　　　　　　　전치사구　　　　　　　　전치사구
사람들은 여름뿐만 아니라 겨울에도 수영한다.

● 절+ 접속사+ 절

We brought the food and **they supplied the drink.**
　　　　　문장　　　　　　　　　　　　　文章
우리는 음식을 가져왔고 그들은 음료수를 제공했다.

8 반복을 피하기 위한 생략

불필요한 반복을 피하기 위해 접속사를 중심으로 앞에 언급되었던 단어들은 생략할 수 있음을 유의한다.

I have taught English in Seoul, (in) Busan, and (in) Daegu. 나는 서울에서, 부산(에서) 그리고 대구(에서) 영어를 가르쳐왔다.

Charlie not only **bought a new car** but also **(bought) a new motorbike.**
Charlie는 새 차 뿐만 아니라 새 오토바이도 (샀다).

영어로 말해보기

1 아버지는 낚시와 등산을 좋아하신다.(love) **My father loves fishing and hiking.**

2 나는 콜라를 좋아하는데 여동생도 그렇다. **I like coke, and my sister does too.**

3 Maria는 부자다 하지만 그녀는 행복하지 않다. **Maria is rich, but she isn't happy.**

4 어느 도시가 더 큰가요, 서울 뉴욕이요? **Which city is bigger, Seoul or New York?**

5 너무 더워서 나는 재킷을 벗었다.(take off) **It was very hot, so I took off my jacket.**

Unit 74 명사절을 이끄는 접속사

💬 Grammar in DIALOG

A I'm going on a trip with my dad.
B Where are you going?
A I'm not sure. My dad said that he wants to drive here and there.

A 나는 아빠와 함께 여행가.　　　B 어디 가는데?
A 확실히 모르겠어. 아빠가 그러시는데 차로 여기저기 가고 싶으시대.

POINT

1　절(주어, 동사를 포함한 문장)이 하나의 그룹을 이루어 명사역할을 할 수 있다.
　that은 '~라는 것'의 의미로 명사절을 이끈다.

　주어역할 - that을 생략하지 않는다/ that명사절이 주어자리에 올 경우 가주어 it을 쓰는게 일반적이다.

　That **he passed the test is true.**
　(=It is true that he passed the test.) 그가 시험에 합격한 것은 사실이다.
　목적어 역할 - that을 생략할 수 있다.
　I think (that) he is a liar. 나는 그가 거짓말쟁이라고 생각한다.
　보어역할 - that을 생략하지 않는다.
　The problem is that **I have no money.**
　문제는 내가 돈이 없다라는 것이다.

2　if 와 whether가 '~인지, 아닌지'라는 의미로 명사절을 이끈다.
　이 때 if 명사절 경우 주어역할은 하지 않는다.
　주어역할
　Whether **you like me or not isn't important.**
　네가 나를 좋아하는지 그렇지 않은지는 중요하지 않다.

목적어역할

Do you know whether(or if) **Mary won the game or not?**

너는 Mary가 게임에 이겼는지 아닌지 아니?

보어역할

The question is whether(or if) **Tom got fired or not.**

문제는 Tom이 해고당했는지 그렇지 않은지다.

3 의문사(what, where, when, how, why, who)가 간접의문문의 형식으로
   명사절을 이끌기도 한다.

주어역할

How **you study English is important.**

네가 어떻게 영어를 공부하느냐가 중요하다.

Where **he lives shows that he is very rich.**

그가 어디에서 사느냐는 그가 매우 부자라는 것을 보여준다.

목적어역할

Do you know what **it means?** 그것이 무엇을 의미하는지 아세요?

I don't know when **he came back last night.**

나는 그가 어젯밤 언제 돌아왔는지 모른다.

보어역할

The question is why **he stole it.** 문제는 그가 왜 그것을 훔쳤냐이다.

The important thing is who **she loves.**

중요한 것은 그녀가 누구를 사랑하느냐다.

영어로 말해보기

1 그가 시험에 합격한 것은 사실이다. **That he passed the test is true.**
                                    =It is true that he passed the test.

2 나는 그가 거짓말쟁이라고 생각한다. **I think that he is a liar.**

3 문제는 내가 돈이 없다라는 것이다. **The problem is that I have no money.**

4 너가 나를 좋아하는지 그렇지 않은지는 **Whether you like me or not isn't**
   중요하지 않다.   **important.**

5 넌 Jim이 게임에 이겼는지 아닌지 아니? **Do you know whether(or if) Jim won**
                                      the game or not?

💬 Grammar in DIALOG

A **I'm broke.**
B **If you need some money, I'll lend you some.**
A **Really? I can't thank you enough.**
B **No problem. What are friends for?**

A 나 빈털터리야.   B 너 돈이 좀 필요하면 내가 좀 빌려줄게.
A 정말? 어떻게 고맙다고 해야할지.   B 뭘. 친구 좋다는게 뭐니?

 POINT

1   절(주어, 동사를 포함한 문장)이 하나의 그룹을 이루어 부사역할을 할 수 있다.
이 때 접속사를 포함한 절이 앞이나 뒤에 모두 올 수 있다.

Because it was very hot, we opened the window.
매우 더워서 우리는 창문을 열었다.
(=We opened the window because it was very hot.)

When you cross the street, look out for cars.
길 건널 때 차 조심해라.
(=Look out for cars when you cross the street.)

If it rains, what should we do?
비가 오면 우리 어떻게 해야 하지? (=What should we do if it rains?)

2   시간 접속사: when, while, before, after, until

When I went out, it was cold. 밖에 나갔을 때 추웠다.

While you were sleeping, Kate called.
네가 잠들어 있는 동안 Kate가 전화했다.

Brush your teeth before you go to bed. 자러가기 전에 이 닦아라.

I'll be here until you come back. 네가 돌아올 때까지 여기 있을게.

216

3 원인, 이유 접속사: because, since, as

이때 as와 since는 이미 알만한 이유를 나타내며 because는 듣는 사람이 잘 알지
못할 이유를 나타낼 때 주로 쓴다.

As Ted is underage, he can't drink at a bar.
Ted는 미성년자이므로 그는 술집에서 술을 마실 수 없다.

Since I had a big lunch, I don't feel hungry.
나는 점심을 거하게 먹어서 배고프지 않다.

Because Susie was sick, she couldn't sing well.
Susie가 아팠기 때문에 그녀는 노래를 잘 부를 수 없었다.

4 조건, 양보 접속사: if, although

If we take the bus, it will be cheaper.
만약 우리가 버스를 탄다면 더 저렴할거야.

Although my brother is young, he is wise.
내 동생은 젊지만 현명하다.

(**more tips!**) before, after 등 전후관계를 분명히 말해주는 접속사가 있는 경우
과거보다 앞서 일어난 일이라도 과거완료대신 과거시제를 쓸 수 있다.

After I got home, I took a shower. 나는 집에 도착한 후 샤워를 했다.

(**more tips!**) 시간과 조건을 나타내는 부사절에서는 현재가 미래를 대신한다.

When you come back, I'll be at home.
당신이 돌아올 때 나는 집에 있을거야.

If it rains, we won't go on a picnic. 비가 오면 우리는 피크닉 안 갈거야.

영어로 말해보기

1 당신이 돌아올 때 나는 집에 있을거예요.(When~)
When you come back, I'll be at home.

2 너 자러가기 전에 이 닦아라.(Before~)
Before you go to bed, brush your teeth.

3 너가 돌아올 때까지 나는 여기 있을게.(I'll~)
I'll be here until you come back.

4 Susie가 아팠기 때문에 그녀는 노래를 잘 부를 수 없었다.(Because~)
Because Susie was sick, she couldn't sing well.

5 내 동생은 젊지만 현명하다.(Although~)
Although my brother is young, he is wise.

Chapter 14 문장의 5형식

💬 **Grammar in DIALOG**

A **How do I look?**

B **You look different today. You got a haircut, didn't you?**

A **Yes, I did.**

B **You look much younger than before.**

A 나 어때보여?　　B 오늘 달라보이는데. 너 머리잘랐구나. 그렇지?

A 응, 맞아.　　B 전보다 훨씬 어려보여.

 POINT

1　1형식문장은 주어와 동사만으로도 완전한 의미의 문장을 만들 수 있는 경우를 말한다. 부사나 부사구, 의문문, 부정문은 형식에 영향을 미치지 않는다.

I exercise.(1형식)　**Do you exercise?**(1형식)　**I don't exercise.** (1형식)

I exercise **at the gym every morning.**(1형식)

2　1형식문장은 「주어+동사」의 형태로 '~가 …하다', '…가 있다' 등의 뜻을 갖는다.

Jane works. Jane은 일한다.

There are a lot of people here. 여기 사람들이 많다.

3　2형식 문장은 「주어+동사+보어」의 형태로 보어가 주어의 상황을 보충 설명해준다. 이 때 명사와 형용사 등이 보어 역할을 한다.

Lisa became a doctor. Lisa는 의사선생님이 되었다.

You look so tired. 너 매우 피곤해 보인다.

4　2형식에 주로 많이 쓰이는 동사는 다음과 같다.

- be동사

I am tall. 나는 키가 크다.

Susan is very embarrassed. Susan은 매우 당황했다.

● 감각동사 (look, smell, taste, sound, feel etc.)

You look different today. 너 오늘 달라 보인다.

He looks young for his age. 그는 나이치고는 젊어보여.

Something smells bad. 뭔가 냄새가 안좋은데.

Does it taste good? 그거 맛있니?

"Let's eat out." "It sounds great." 외식하자. 좋아.

The fur coat feels soft. 그 털 코트는 촉감이 좋다.

● 변화동사 (become, get, turn, grow 등)

I'll become a doctor. 나는 의사가 될거야.

Laura got bored. Laura는 지루해졌다.

As you get older, your memory gets worse.
나이가 들수록 기억력은 나빠진다.

The leaves turned red. 잎이 빨갛게 물들었다.

It grew dark. 어두워졌다.

영어로 말해보기

1 여기 사람들이 많다. **There are a lot of people here.**
2 너 오늘 달라 보인다. **You look different today.**
3 뭔가 냄새가 안좋은데. **Something smells bad.**
4 Laura는 지루해졌다.(get) **Laura got bored.**
5 잎들이 빨갛게 물들었다.(turn) **The leaves turned red.**

Grammar in DIALOG

A **What will you do this weekend?**

B **I'll watch a ball game at home. How about you?**

A **I think I will see a movie.**

B **That sounds good.**

＊ball game 야구경기

A 이번 주말에 뭐 할거니?　　　B 집에서 야구경기 볼거야. 너는?

A 영화보러 갈 것 같아.　　　　B 좋겠다.

POINT

1　3형식문장은 「주어+동사+목적어」의 형태로 동작의 대상이 되는 목적어가 항상 뒤따르게 된다. 목적어 자리에는 명사, 대명사, 부정사, 동명사 등이 올 수 있다.

I have a car. 나는 자동차를 가지고 있다.

I know how to use it. 나는 그것을 어떻게 사용하는지 안다.

Jane said that she was OK. Jane은 괜찮다고 말했다.

2　3형식의 목적어 역할을 하는 명사는 다음과 같다.

● 일반명사

I love apples. 나는 사과를 좋아한다.

Most people eat too much meat.
대부분의 사람들은 너무 많은 고기를 먹는다.

Most people drink too much soda.
대부분의 사람들은 너무 많은 탄산음료를 마신다.

Who owns the car which is parked outside?
밖에 주차되어 있는 차는 누구거니?

● 대명사

"Do you like apples?" "Yes, I like them very much."
너는 사과를 좋아하니? 응, 나는 사과를 매우 좋아해.

● 동명사

Neil enjoys swimming. Neil은 수영하는 것을 즐긴다.
Would you mind opening the window? 창문 열어주시겠어요?

● to부정사

I want to go on a diet. 나는 다이어트 하는 것을 원한다.

I decided to move to New York. 나는 뉴욕으로 이사가는 것을 결심했다.

● 기타 명사구

Do you know where to go? 너는 어디를 가야할지 아니?

I learned how to use this machine.
나는 어떻게 이 기계를 사용하는지 배웠다.

I wonder who to invite. 누구를 초대해야 할지 의문이다.

● 명사절

I hope that you have a great time.
나는 당신이 좋은 시간 보냈으면 좋겠어요.

I want to know if he likes me.
나는 그가 나를 좋아하는지 알고 싶다.

I want to know what her phone number is.
나는 그녀의 전화번호가 무엇인지 알고 싶다.

I feel sorry that I lost my temper this morning.
아침에 화내서 미안해.

영어로 말해보기

1 대부분의 사람들은 너무 많은 고기를 먹는다. **Most people eat too much meat.**
2 창문 열어주시겠어요?(Would you mind~) **Would you mind opening the window?**
3 나는 뉴욕으로 이사가는 것을 결심했다. **I decided to move to New York.**
4 나는 어떻게 이 기계를 사용하는지 배웠다. **I learned how to use this machine.**
5 내 생각에 이번 주말에 영화를 볼 것 같아. **I think that I will see a movie this weekend.**

Unit 78 4형식

Grammar in DIALOG

A **Get me something to drink, please.**
B **OK. I'll get you some orange juice.**

A 마실 것 좀 갖다줘요.   B 알았어요. 오렌지주스를 갖다 드릴게요.

 POINT

1   4형식문장은 목적어가 두개 있다.「주어+동사+간접목적어+직접목적어」의 형태
    로 쓰며 '~에게(간접목적어) …를(직접목적어) 하다'로 해석한다.

    I'd like to buy you lunch. 나는 너에게 점심을 사주고 싶어.
    <u>　　　　　　　간접목적어　직접목적어</u>

2   4형식에 쓰이는 동사 '~에게 …를 주다'라는 의미로 쓰이는 teach(가르쳐주다),
    send(보내주다), tell(말해주다), lend(빌려주다), show(보여주다), buy(사주
    다), make(만들어주다), write(써주다) 등이다.

    I gave **him a book.** 나는 그에게 책을 주었다.

    My friend sent **me an email.** 친구가 나에게 이메일을 보냈다.

    Would you lend **me a pen?** 저에게 펜을 하나 빌려주시겠습니까?

    A man showed **me the way to the bank.**
    어떤 남자가 나에게 은행가는 길을 알려줬다.

    She made **her daughter a new dress.**
    그녀는 딸에게 새 드레스를 만들어 주었다.

    Please get **me some water.** 물을 좀 가져다주세요.

3   4형식 문장을 3형식으로 바꾸어 쓸 수 있다.

    「주어+동사+간접목적어+직접목적어」
    →「주어+동사+직접목적어+ to / for / of +간접목적어」

- give, show, tell, offer 등을 포함한 대부분 4형식 문장은 「주어+동사+직접목적어+to+간접목적어」(3형식)로 바꿀 수 있다.

to를 사용하는 동사: tell, teach, send, lend, show, write, give

The waiter offered him red wine. 웨이터는 그에게 레드와인을 제공했다.

→ **He offered red wine to him.**

- buy, get, make, find, choose 등의 동사가 쓰인 4형식 문장은 「주어+동사+직접목적어+for+간접목적어」(3형식)의 형태로 바꿀 수 있다.

for를 사용하는 동사: get, buy, make

Please get me something to write with.
내게 쓸 것(필기도구)을 가져와.

→ **Please get something to write with for me.**

- ask가 쓰인 4형식 문장은 「주어+동사+직접목적어+of+간접목적어」(3형식)의 형태로 바꿀 수 있다.

of를 사용하는 동사: ask, require

The students asked me some questions.
학생들이 나에게 질문을 좀 했다.

→ **The students asked some questions of me.**

(more tips!) 우리말로 할 때는 '~을…에게'라는 의미로 번역되어 마치 4형식동사처럼 생각되지만 실제로는 3형식동사인 경우들이 있다. 아래 예문에서 전치사가 빠지면 틀린 문장이 된다. 시험에 자주 출제되는 문법사항이다.

David announced to us his plan.
David은 우리에게 그의 계획을 발표했다.

I will explain to you what this means.
내가 이것이 무슨 의미인지 너에게 설명할게.

영어로 말해보기

1 어떤 남자가 은행가는 길을 알려줬다. **A man showed me the way to the bank.**

2 그녀는 딸에게 새 드레스를 만들어 주셨다. **She made her daughter a new dress.**

3 물을 좀 가져다주세요.(Please) **Please get me some water.**

4 그녀는 우리에게 재미있는 얘기를 해줬다. **She told a funny story to us.**

5 남자친구가 나에게 반지를 사줬다. **My boyfriend bought a ring for me.**

Unit 79   5형식

💬 **Grammar in DIALOG**

A **You look different today.**
B **I had my hair permed.**
A **That makes you look prettier.**

A 오늘 달라 보이는데.   B 파마했어.   A 더 예뻐 보인다.

 POINT

1   5형식문장은 「주어+동사+목적어+목적보어」의 형태로 목적어를 보충 설명하는
    목적격보어가 필요하다. 목적보어 자리에는 명사나 형용사, 또는 준동사(부정
    사, 원형부정사) 등이 올 수 있다.

    I found **English fun.**
                목적어 목적격보어
    People call **him a fool.**
                목적어 목적격보어

2   5형식에 주로 쓰는 동사는 다음과 같다.

    ● 지각동사 (see:~하는 것을 보다, watch:~하는 것을 지켜보다, feel:~하는 것을 느끼
    다, hear:~하는 것을 듣다 등)

    I saw **you doze/dozing over the class.**
    너 수업시간 내내 조는거/ 졸고 있는거 봤어.

    I like to watch **you dance/dancing.**
    나는 너 춤추는거/춤추고 있는거 지켜보는게 좋아.

    I heard **them fight/fighting.**
    나는 그들이 싸우는/싸우고 있는 것을 들었다.

    ● 사역동사 (make:~하게 만들다, have:~하게 시키다, let:~하게 허락하다 등)

    You always make **me smile.** 너는 항상 나를 미소짓게 해.

I had my son do the laundry. 나는 아들에게 빨래를 시켰다.

● 기타동사 (call:~라고 부르다, name:~라고 이름짓다, find:~라는 것을 알다, keep: 계속~하게 하다, want:~하기를 원하다 등)

Call me Katie. 나를 Katie라고 불러줘.

I named the dog Ari. 나는 그 개를 Ari라고 이름 지어 줬다.

I found Mike nice. 나는 Mike가 착하다는 것을 알았다.

I'm sorry to keep you waiting. 당신을 기다리게 해서 미안해요.

3 보어의 경우에 따른 5형식의 구조

● 보어가 명사일 경우 「주어+make, call, name 등+목적어+명사」

We call him Mr. Perfect. 우리는 그를 완벽주의자라고 부른다.

● 보어가 형용사일 경우 「주어+make, keep, suppose, would like, want, push 등+목적어+형용사」

What makes you so depressed? 뭐 때문에 그렇게 우울하니?

I'd like my eggs scrambled. 달걀을 스크램블해 주세요.

● 보어가 to부정사일 경우 「주어+tell, want, would like, allow, expect+목적어 +to부정사」

I want you to fill out the form. 나는 네가 양식에 기입했으면 좋겠어.

Would you like me to go back home?
너는 내가 집에 돌아갔으면 좋겠니?

● 보어가 원형부정사일 경우 「주어+see, watch, hear, feel, make, have, let 등+ 목적어+원형부정사」

I like watching my children sing.
나는 내 아이들이 노래하는 것을 지켜보는 것이 좋다.

I want to make my girlfriend feel happy today.
나는 오늘 여자친구를 행복하게 만들어주고 싶어.

영어로 말해보기

1 나는 너가 춤추고 있는 거 지켜보는 게 좋아. **I like to watch you dance(dancing).**
2 나는 뭔가 움직이는 것을 느꼈다. **I felt something move(moving).**
3 너는 항상 나를 미소 짓게 만들어. **You always make me smile.**
4 사람들은 그를 바보라고 부른다. **People call him a fool.**
5 너는 Cindy가 거짓말쟁이라는 것을 알았니? **Did you find Cindy a liar?**

Chapter 15 　　복잡한 문장 이해하기

💬 **Grammar in DIALOG**

A **You look pale. Are you okay?**
B **Not really. I'm feeling under the weather today and I'm a little dizzy.**
A **I hope (that) it's nothing serious.**
B **I think (that) it's because of the weather. It's hot and humid.**

A 창백해보이는데, 괜찮아?   B 그렇지 않아. 오늘 몸이 좋지 않고 좀 어지러워.
A 심각한게 아니기를 바래.   B 날씨 때문인 것 같아. 덥고 습하잖아.

 POINT

1 명사절을 만드는 that '~라는 것'

접속사 that과 연결된 절은 명사절을 만든다. 즉 문장 안에서 주어, 목적어, 보어 자리에 사용된다.

● 주어역할

That he knows everything is obvious.
그가 모든 것을 알고 있다는 것은 명백하다.

=**It is obvious** that he knows everything**.** (가주어 it 사용)

=**The fact** that he knows everything **is obvious.**

(The fact that ~ 사용)
*that절은 주어역할을 할 경우 주로 가주어 'it'이나 The fact that~을 이용해 표현한다.

● 목적어역할 (*이 때 that은 생략가능)

I hope (that) you'll have a wonderful time**.**
네가 좋은 시간 보내기를 바란다.

● 보어역할

The problem is that your English is not so good.
문제는 네 영어가 서툰 것이다.

2 명사절을 만드는 whether, if '~인지 아닌지'

if와 whether는 의문문을 명사절로 만들어 간접의문문을 만드는 경우 주로 사용하는 접속사들이다.

1. whether (~or not)

● 주어역할

Whether he's rich (or not) isn't important.
그가 부자인지 아닌지는 중요하지 않다.

● 목적어역할

Do you know whether the rumor is true (or not)?
그 소문이 사실인지 아닌지 아니?

● 보어역할

The question is whether the man can be trusted (or not).
문제는 그 남자가 믿을만한지 아닌지이다.

2. if

if는 주로 목적어 자리에 사용된다.

● 목적어역할

I'm not sure if I'll have time. 내가 시간이 있을지 모르겠다.

╭─── **영어로 말해보기** ───╮

1 네가 좋은 시간 보내기를 바란다.(wonderful)
I hope (that) you'll have a wonderful time.
2 요점은 돈이 전부가 아니라는 것이다.(The point~)
The point is that money isn't everything.
3 그가 부자인지 아닌지는 중요하지 않다.
Whether he's rich (or not) isn't important.
4 내가 시간이 있을지 모르겠다.(I'm not sure~)
I'm not sure if I'll have time.
5 나는 내일 비가 올지 모른다.
I don't know if it'll rain tomorrow.

의문사절로 시작하는 명사절

💬 Grammar in DIALOG

A **Wow. Your Japanese is quite good.**
B **Thank you.**
A **Tell me** who taught you Japanese.
B **Actually, I used to live in Japan for a couple of years.**

A 와, 너 일본어 정말 잘한다.　　　　B 고마워.
A 누구에게 일본어를 배웠는지 말해봐.　B 실은, 한 2-3년 일본에서 살았었어.

 POINT

*의문문이 다른 문장 속에서 명사절로 쓰여 주어, 목적어, 보어 역할을 하는 것을 간접의문문
이라고 한다. 이때 의문문의 「의문사+동사+주어」의 형태가 간접의문문에서「의문사+주어+
동사」형태로 바뀌는 점을 유의한다.

1 의문문: 「의문사+동사+주어」→ 명사절: 「의문사+주어+동사」

| 주어+is the question
+
who(m) does she love? | → | Who(m) she loves **is the question.**
그녀가 누구를 사랑하는지 의문이다. |

| I don't know+목적어
+
what did he do last night? | → | **I don't know** what he did last night.
나는 그가 어젯밤 무엇을 했는지 모른다. |

| The question is+보어
+
Where is she from? | → | **The question is** where she is from.
그녀가 어디 출신인지 의문이다. |

232

(**more tips!**) 의문사 자신이 주어일 경우 명사절에서도 「의문사+동사」형태로 쓴다.

Tell me. + Who taught you English?

→ **Tell me who taught you English.**

누가 네게 영어를 가르쳐 줬는지 말해봐.

2 「의문사+do you think, believe, guess, suppose, imagine+주어+동사~?」

명사절이 think, believe, guess, suppose, imagine 동사의 목적어 역할을 하는 경우 의문사가 맨 앞으로 온다.

> Do you think+목적어?
> +
> when does the movie start?

→ When **do you think** the movie starts?

영화가 언제 시작하는 것 같니?

> Do you guess+목적어?
> +
> where is she?

→ Where **do you guess** she is?

그녀가 어디에 있는 것 같니?

다시 연습해보자면,

What did she do? + Do you think~

= **What do you think she did?**(○)

  Do you think what she did?(X)

Who does he love? + Do you suppose~

= **Who do you suppose he loves?**(○)

  Do you suppose who he loves?(X)

(**영어로 말해보기**)

1 나는 그가 어젯밤 무엇을 했는지 모른다. **I don't know what he did last night.**

2 걘 누구를 만났는지 내게 말하지 않았다. **He didn't tell me who he met.**

3 누가 영어를 가르쳤는지 내게 말해봐. **Tell me who taught you English.**

4 영화가 언제 시작하는 것 같니?(think) **When do you think the movie starts?**

5 누가 네게 선물을 보낸 것 같니?(think) **Who you think sent the flower to you?**

A **Do you have a seating preference, sir?**

B **I'd like an aisle seat** which has extra legroom, **if possible.**

A **Yes, I have a seat next to the emergency exit. Here's your boarding pass.**

A 손님, 특별히 원하는 자리가 있나요?

B 가능하다면 다리를 뻗을 공간이 충분한 창가쪽 자리요.

A 네, 비상문 옆의 자리가 있습니다. 여기 손님 탑승권입니다.

 POINT

1 **형용사, 형용사구, 형용사절**

　형용사는 명사를 수식한다. 형용사역할을 하는 것은 형용사, 형용사구, 형용사절 등이 있다.

　형용사　　**He's** handsome **and** sweet**.** 그는 잘생기고 다정하다.

　형용사구　**Look at the picture** on the wall**.** 벽에 있는 그림을 봐라.

　형용사절　**The woman** who lives next door **is friendly.**
　　　　　　옆집에 사는 그 여자는 친절하다.

2 **형용사절**

　명사 뒤에서 앞에 있는 명사(선행사)를 꾸며주는 절을 형용사절이라고 한다. 이때 이런 형용사절을 이끌면서 일종의 접속사 및 대명사 역할을 하는 것을 관계대명사라고 한다. 형용사절을 이끄는 관계대명사로는 who, whom, whose, which 등이 있다.

> **This is the key.** 이것은 열쇠다. + **It opens the garage.** 그것은 차고를 연다.
>
> **This is the key** which **opens the garage.** 이것은 차고를 여는 열쇠다.
> 　　　선행사　　　　　형용사절

3 관계대명사 who, whom, whose

관계대명사 who, whom, whose는 선행사가 사람일 때 쓰며, 선행사가 문장 안에서 주어역할을 하면 who, 목적어역할을 하면 whom, 소유격역할을 하면 whose를 쓴다.

● who: 주어역할

Those are <u>the people</u> who live next door.

(←Those are the people. + They live next door.)
저 사람들이 옆집에 사는 사람들이다.

● whom: 목적어역할 *whom대신 who를 쓰기도 하는데 목적격 관계대명사는 생략
하는 경우도 많다.

Sally is <u>a person</u> who(m) everybody loves.

(←Sally is a person. + Everybody loves her.)
Sally는 모든 사람들이 사랑하는 사람이다.

● whose: 소유격역할

I saw <u>a girl</u> whose hair is blonde.

(←I saw a girl. + Her hair is blonde.) 나는 머리가 금발인 소녀를 봤다.

4 관계대명사 which

관계대명사 which는 선행사가 사람 이외의 것일 때 쓴다. 주격, 목적격은 which를 쓰고 소유격은 of which 또는 whose를 쓴다.

● 주어역할: **This is the house which has 9 bedrooms.**
침실이 9개인 집이다.

● 목적어역할: **There's some bread which you might like.**
네가 좋아할 것 같은 빵이 있어.

● 소유격역할: **This is the book whose name is Love.**
이것은 제목이 '사랑'인 책이다.

(**more tips!**) 소유격 관계대명사 whose, of which는 비교적 딱딱한 표현으로
일상회화에서는 상황에 따라 다른 방법으로 표현하는 경우가 많다.

This is the car whose seats are 5.
→ **This is the car with 5 seats.** (more natural)
　This is the car which has 5 seats. (more natural)

5 관계대명사 that

1. who나 which를 대신하는 that
관계대명사 that을 관계대명사 who나 which 대신 사용할 수 있다.

I like people that(=who) **smiles a lot.**

나는 많이 웃는 사람들을 좋아한다.

2. 선행사에 최상급, 서수, the very, the only, all, every 등이 포함된 경우 that을 사용하는 편이 자연스럽지만, 선행사가 사람일 경우 who를 쓸 수도 있다.

Is this all that **is left?** 이것이 남은 것 전부니?

It's the best book that **I've ever read.**

그것은 내가 읽은 것 중 최고의 책이다.

All that **I say is true.** 내가 말하는 것은 모두 진실이다.

Who is the first person who **invented a telephone?**

전화를 처음 발명한 사람이 누구지?

(**more tips!**) **관계대명사의 생략**

1 목적격 관계대명사의 경우 흔히 생략되는 경우가 많다.

Do you remember the people (who) we met in London?

런던에서 만난 사람들을 기억해?

2 「주격 관계대명사+be동사」의 경우 역시 생략할 수 있다.

The man (who is) wearing sunglasses is my boss.

선글라스를 쓰고 있는 사람이 내 상사이다.j

⌐ **영어로 말해보기** ⌐

1 넌 우리가 런던에서 만난 사람들 기억해? **Do you remember the people who(m) we met in London?**

2 나는 머리가 금발인 소녀를 봤다.(blonde) **I saw a girl whose hair is blonde.**

3 네가 좋아할 것 같은 빵이 있어. **There's some bread which you might like.**

4 그가 구한 일은 지루했다.(get, boring) **The job that he got was boring.**

5 그것은 내가 읽은 것 중 최고의 책이다. **It' the best book that I've ever read.**

[1] 진행형을 이용한 간접적인 표현
보다 부드럽고 간접적인 표현을 사용하기 위해 현재나 과거시제를 대신해서 현재진행이나 과거진행시제를 쓰는 경우가 있다.

When are you planning to go to Europe?
(less definite and direct than When do you plan to~?)
언제 유럽에 갈 계획이에요?

I'm afraid I must be going. (less definite and direct than I must go.)
미안하지만 가야해요.

[2] had better
had better는 경고성이 강하므로 본인보다 지위가 높은 사람이나 낯선 사람에게 사용하면 무례하게 들릴 수 있다. had better를 경고의 의미없이 부드럽게 표현하려면「It would be good to~」를 쓰는 편이 좋다.

It would be good to thank him. 그에게 고마워하는게 좋겠어.

[3] 접속사
before, after 등 전후관계를 분명히 말해주는 접속사가 있는 경우 과거보다 앞서 일어난 일이라도 과거완료대신 과거시제를 쓸 수 있다.

After I got home, I took a shower. 나는 집에 도착한 후 샤워를 했다.

Before I went to bed, I gave him a call.
나는 잠자리에 들기 전 그에게 전화를 했다.

[4] 전치사 at/in/on 생략
next, last, this, every, tomorrow, yesterday 앞에는 시간 전치사 at, in, on 등을 생략한다.

See you next Friday. 다음 금요일에 봐요.

Last Christmas I went to Australia.
지난 크리스마스에 나는 호주에 갔었다.

[5] 동사가 insist, suggest의 경우~
동사가 insist, suggest의 경우, 뒤에 오는 명사절 내용이 '제안, 요구'가 아니라 과거나 현재의 '사실'일 때 내용의 시제에 맞춰 쓰면 된다.

She insisted that the book was hers.
그녀는 그 책이 자기 것이라고 주장했다.

Your question suggests that you doubt my sincerity.
당신의 질문은 내 성실성을 의심하고 있음을 암시한다.

💬 **Grammar in DIALOG**

A **Can you see the stage?**

B **No. I can't see very well. The man in front of me is too tall.**

A **That's** what **I thought. Why don't we switch seats?**

B **You are so thoughtful. Thanks.**

A 무대가 보여? 　　　　　　　　B 아니, 잘 안보여. 앞의 남자키가 너무 커.
A 그럴거라 생각했어. 자리 바꾸자. 　B 넌 참 자상하다. 고마워.

1 선행사를 포함하는 관계대명사 what

관계대명사 What은 선행사를 포함하며 「the thing which~」 또는 「all that~」과 바꿔 쓸 수 있다.

The thing that she said **made me angry.**

→**What she said made me angry.** 그녀가 말한 것은 나를 화나게 했다.
　　　주어역할

He can give me all that I need.

→**He can give me what I need.** 그는 내가 필요한 것을 줄 수 있다.
　　　　　　　　　　　목적어역할

This is exactly the thing that I wanted.

→**This is exactly what I wanted.** 이것은 내가 원했던 것이다.
　　　　　　　　보어역할

(**more tips!**) 관계대명사 what을 포함한 관용적 표현

● 「what+주어+have/has」 ~의 재산

I'm not interested in what she has. 난 그녀가 가진 것에 관심없어.

238

● 「what is+비교급」 더욱 ~한 것은

Ted is nice, and what is better**, he has a good sense of humor.**

● 「what is+최상급」 가장 ~한 것은

Ted is nice, handsome, and what is the best**, he has a good sense of humor.**

● 「what we/you/they call (=what is called)」 소위 말하자면

Sam is, what is called**, a millionaire.**

Sam은 소위 말해서 백만장자이다.

2 관계부사 where/ when/ why/ how

관계부사는 형용사절을 이끌어 명사를 꾸며준다. 두 문장을 하나로 연결하는 접속사역할과 부사역할을 동시에 하며, 우리말로 해석하지 않는다.

관계부사를 이용한 문장 만드는 방법

This is the place. 이곳이 장소다.**+I first met my girlfriend there.**

내가 내 여자친구를 거기에서 처음 만났다.

→ **This is the place** and **I first met her** there.

→ **This is the place** where I first met my girlfriend.

이곳이 내 여자친구를 처음 만난 장소다.

---

3 선행사에 따른 관계부사의 종류

관계부사 전치사+which	선행사
when **(on/at which)**	선행사가 시간을 나타내는 말일 때 the time, the day, the week, the month, the year, …

Do you remember the day? + We first met then.
→ **Do you remember the day when we first met?**
 우리가 처음으로 만난 날을 기억하니?

where **(in/at which)**	선행사가 장소를 나타내는 말일 때 the place, the room, the house, the village, the city, …

That is the school. + We used to study there.
→ **That is the school where we used to study.**
 저것이 우리가 공부했던 학교이다.

why (for which)	선행사가 이유를 나타내는 말일 때 the reason

Tell me the reason. + She was absent from school for that reason.
→ **Tell me the reason why she was absent from school.**
　그녀가 학교에 결석한 이유를 나에게 말해줘.

how (in which)	선행사가 방법을 나타내는 말일 때 the way

This is the way. + I study English in that way.
→ **This is (the way) how I study English.**
　이것이 내가 영어를 공부하는 방법이다.

(**more tips!**)　관계부사는 대부분 that으로 바꾸어 쓰거나 또는 생략할 수 있다.
선행사 역시 구체적인 명사가 아니라 일반적인 the time, the place, the reason, the way 등일 경우 생략 가능하다.

※ 방법을 말하는 경우 선행사 the way나 관계부사 how 둘 중 하나는 반드시 생략해
　야 한다.

4　관계부사 →「전치사+관계대명사」

관계부사는 「전치사+관계대명사」로 바꿔 쓸 수 있다. 이 때 전치사를 뒤로 보내고 관계
대명사 which 또는 that을 쓰거나 관계대명사를 생략할 수도 있다.

This is the place. + I was born in the place.

→ **This is the place where I was born.**

→ **This is the place in which I was born.** (formal)

→ **This is the place which I was born in.**

→ **This is the place that I was born in.**

→ **This is the place I was born in.** (informal)

(**영어로 말해보기**)

1 그녀가 말한 것은 나를 화나게 만들었다.　　**What she said made me angry.**
2 이것은 내가 원했던 것이다.　　**This is what I wanted.**
3 여기가 내가 그를 처음 만난 장소야.　　**This is the place where I first met him.**
4 일요일은 우리가 교회에 가는 날이다.　　**Sunday is the day when we go to church.**
5 나는 그녀가 왜 너를 떠났는지 안다.　　**I know the reason why she left you.**

240

[1] be allowed to+V

규칙이나 허가 조항을 말할 경우 can(not)이나 may (not) 대신에 'be (not) allowed to~'를 쓸 수 있다.

You're allowed to smoke here.
여기에서는 담배를 펴도 좋아요.

You're not allowed to drink. You're underage.
너는 술을 마셔서는 안 된다. 너는 미성년자야.

[2] 과거시제에서 was/were able to가 could보다 특정한 상황에서 '겨우 ~할 수 있었다'라는 느낌이 강하다. 현재시제나 부정문에서는 별 의미차이 없이 쓰인다.

I could ride a bicycle when I was five. 나는 다섯 살 때 자전거를 탈 수 있었다.
A fire broke out in that building, but everybody was able to escape.
저 빌딩에서 화재가 발생했지만 모두 피할 수 있었다.

[3] here/there가 문두로 와서 강조되는 그 밖의 경우

Here/There you are.(=Here/There you go.) 여기 있어.(무엇을 건네줄 때)
Here we are. 다 왔다.(도착했을 때)
Here/There it is. 그것이 여기/거기 있었구나.(무엇/누군가를 발견했을 때)

Unit 84   제한적 용법/ 계속적 용법

💬 Grammar in DIALOG

A Could you do me a big favor?
B Sure, what is it?
A Cindy, who is my friend from California, is
looking for an apartment.

A 어려운 부탁 좀 들어줄래?   B 물론, 뭔데?
A 캘리포니아에서 온 신디가 아파트를 구하고 있어.

🖋 POINT

1   관계대명사의 제한적 용법

관계대명사의 제한적 용법은 형용사절이 앞의 선행사를 수식하는 역할을 한다. 보통 제
한적 용법에서는 관계대명사가 이끄는 절이 누구(무엇)를 가리키는지 구체적으로 알려
주는 역할을 한다. 이 때 관계대명사 앞에 콤마(,)는 없다.

I had two friends who became cooks.

나는 요리사가 된 두 친구가 있다.

2   관계대명사의 계속적용법

관계대명사가 이끄는 절이 어떤 사람이나 사물에 대한 부가적인 설명을 하는 경우가 있는
데 이를 관계대명사의 계속적 용법이라고 한다. 이 때 관계대명사 앞에 콤마(,)를 붙인다.

Cindy, who lives next door to Benny, is quite pretty.

Cindy는, Benny 옆집에 사는데, 꽤 예뻐.

(**more tips!**)   제한적 용법은 '~한/~된 명사'로 해석하고 계속적 용법은 앞에서부터
차례대로 해석한다.

3   관계대명사의 두 용법의 비교

● 제한적 용법

He had a daughter who became a singer.

그에게는 가수가 된 딸이 있다.

→ a daughter를 '가수가 된 딸 한 명'으로 제한한다.

● 계속적 용법

He had a daughter, who became a singer.

그에게는 딸이 하나 있는데, 걔가 가수가 되었대.

→ '딸이 한 명인데 걔가 가수가 됐는데…'라면서 a daughter에 관한 내용을 계속 서술해 나가는 느낌이다.

(**more tips!**) 관계대명사 which는 제한적용법이나 계속적용법 모두 사용할 수 있지만 관계대명사 that은 계속적용법에는 사용할 수 없다. 그리고 관계대명사 which가 계속적용법으로 쓰인 경우 앞에 있는 문장 전체 내용을 나타내기도 한다.

It rained all day, which was good for the garden.

하루 종일 비가 왔는데, 그것은 정원에 도움이 되었다.

Sarah said she was sick, which was a lie.

Sarah는 아팠다고 말했는데, 그것은 거짓말이었다.

4 관계부사의 제한적용법과 계속적용법

I went to Busan where I was born. 내가 태어난 곳인 부산에 갔다.

→ Busan을 '내가 태어난 곳'으로 제한한다.

I went to Busan, where I stayed there for a month.

나는 부산에 갔다. 그리고 그곳에서 한 달간 머물렀다.

→ 'Busan에 갔는데 한 달 동안 머물렀다.'라면서 Busan에 관한 내용을 서술해 나가는 느낌이다.

영어로 말해보기

1 그에게는 가수가 된 딸이 있다.(He had~)

He had a daughter who became a singer.

2 Kate는, 내 상사인데, 정말 지루하다.

Kate, who is my boss, is really boring.

3 Sarah는 아팠다고 말했는데, 그것은 거짓말이었다.

Sarah said she was sick, which was a lie.

4 나는 내가 태어난 곳인 부산에 갔다.

I went to Busan where I was born.

5 나는 Seattle에 머물렀는데, 그곳에서 몇 년 동안 공부했었다.(used to)

I stayed in Seattle, where I used to study there.

Unit 85 　복합관계대명사/ 복합관계부사

A We're going to watch a horror movie. do you want to join us?

B Sounds good.

A If you're not interested in this kind of movie, we can watch a very romantic comedy.

B However scary it is, it doesn't matter.

A 공포영화를 볼거야. 너도 볼래?　　B 좋지.
A 이런 종류의 영화에 관심없다면 로맨틱 코메디를 봐도 돼.
B 얼마나 무서운지 모르겠지만, 상관없어.

 POINT

1 복합관계대명사

복합관계대명사는 「관계대명사+ever」의 형태로 선행사 역할과 관계대명사 역할을 동시에 한다. 따라서 복합관계대명사절은 형용사절이 아니라 명사절 또는 부사절로 사용되며 '~일지라도'의 뜻으로 쓰인다.

2 명사절을 이끄는 복합관계대명사의 격

(포함된) 선행사	주격	목적격	소유격
사람	whoever (=anyone who)	whomever (=anyone whom)	whosever (=anyone whose)
사물(선택)	whichever (=anything which)	whichever (=anything which/ that)	X
사물(전부)	whatever(=all that)	whatever(=all that)	X

3 복합관계대명사절(명사절역할)

1. 주어역할

Whoever wants to pass the exam must study hard.
시험에 합격하고 싶은 사람은 누구나 열심히 공부해야 한다.

2. 목적어역할

Give it to whomever you like. 네가 좋아하는 아무에게나 그것을 줘라.

Choose whichever you want. 네가 원하는 어느 것이나 골라라.

I will give you whatever you need. 네가 필요한 무엇이든지 줄게.

3. 보어역할

The wizard can become whatever he wants.
마법사는 원하는 무엇으로나 변할 수 있다.

4. 부사절을 이끄는 복합관계대명사의 격

(포함된) 선행사	주격	목적격	소유격
사람	whoever (=no matter who)	whomever (=no matter whom)	whosever (=anyone whose)
사물(선택)	whichever (=no matter which)	whichever (=anything which/ that)	X
사물(전부)	whatever (=no matter what)	whatever (=no matter what)	X

5. 복합관계대명사절(부사절역할)

● whoever+동사/ whomever+주어+동사/ whosever+주어+동사

Whoever may come to the party, I'll be glad.
=No matter who may come to the party, I'll be glad.
어느 누가 파티에 오더라도, 나는 기쁠 것이다.

● whichever+동사/ whichever+주어+동사

Whichever you may choose, you'll be satisfied.
어느 것을 고르더라도, 당신은 만족할 것입니다.

● whatever+동사/ whatever+주어+동사

Whatever you did, I don't care about it.
네가 무엇을 했던 나는 상관하지 않는다.

(more tips!) 복합관계대명사절의 쓰임이 명사절인지 부사절인지 구분하는 방법
을 알아보자. 명사절로 쓰였을 경우는 문장 안에서 주어, 목적어, 보어 등 역할을 하는
반면, 부사절로 쓰였을 경우 삭제해도 문장이 성립할 수 있다는 차이로 구분할 수 있다.

You can take whatever you like. (명사절)

네가 좋아하는 어느 것이든 가져가.

Whatever you may say**, I'll be here for you.** (부사절)

네가 뭐라고 말하든, 내가 여기에 있을게.

5. 복합관계부사

복합관계부사는 「관계부사+ever」의 형태로, 복합관계부사가 이끄는 절은 양보부사절로 사용된다. 복합관계부사에는 wherever, whenever, however 세 가지가 있다.

1] Wherever+주어+동사 '어디로 ~하더라도'

Wherever you go**, I will be with you.**

네가 어디를 가더라도, 너와 함께 갈거야.

2] Whenever+주어+동사 '언제 ~하더라도'

Whenever you come**, I'll be pleased.**

네가 언제 오던지, 나는 기쁠거야.

3] However+주어+동사 '얼마나/아무리 ~하더라도'

However tired you may be**, you must do it.**

네가 아무리 피곤해도, 그것을 해야만 된다.

⌐ **영어로 말해보기** ⌐

1 어느 누가 파티에 오더라도, 나는 기쁠 것이다.(glad)

   Whoever may come to the party, I'll be glad.

2 네가 원하는 어느 것이나 골라라.

   Choose whichever you want.

3 네가 좋아하는 어느 것이든 가져가도 돼.

   You can take whatever you like.

4 무슨 일이 생기든, 나는 네 편이야.

   Whatever happens, I'm on your side.

5 네가 아무리 피곤해도, 그것을 해야만 된다. (may)

   However tired you may be, you must do it.

[1] as~의 다양한 쓰임

● ~할 때

As I was studying, the doorbell rang. 공부하고 있었을 때 초인종이 울렸다.

● ~이기/하기 때문에

As it was very hot and humid, we didn't go outside.
덥고 습하기 때문에 우리는 외출하지 않았다.

● ~인 것과/~한 것과 같이

Don't lose your passport **as** I did last year.
내가 작년에 그랬듯이 여권을 잃어버리지 말아라.

● ~함에 따라

As he grows old, he gets more handsome.
그는 나이가 듦에 따라 더욱 잘생겨진다.

[2] 일상 회화에서 일부 셀 수 없는 명사를 복수형으로 쓰기도 한다.
We'll have **two hamburgers** and **two coffees**.
우리는 햄버거 두 개와 커피 두 잔 먹을게요.

[3] 최상급에서의 the의 생략
구어체에서 the를 가끔 생략하고 말하는 경우가 있지만 수식표현이 따라오는 경우 생략하지 않는다.
Which of the boys is **(the) tallest**? 소년 중에서 누가 가장 키가 크니?
This movie is **(the) greatest**. 그 영화는 최고다.
This is **the greatest** movie I've ever seen. 이 영화는 내가 본 것 중 최고다.

동일한 사람/사물의 상태에 대해 비교할 경우 the를 붙이지 않는다.
He's **nicest** when he's had a few drinks. 그는 술을 몇 잔 마셨을 때가 가장 좋다.

💬 **Grammar in DIALOG**

A Why don't you have another sandwich?
B Thanks, I really can't eat any more.
A You're going to have dessert, aren't you?
B Well, I'll join you if you're having something.

A 샌드위치 하나 더 먹어.   B 고마워, 정말 더 이상은 못먹겠어.
A 디저트는 먹을거지, 그렇지 않아? B 뭐 다른게 있다면 같이 먹을게.

 POINT

1 부사절과 종속접속사

부사절은 앞 또는 뒤에 위치한 주절 전체를 수식하는 역할을 한다. 부사절을 이끄는 종속
접속사에는 한 단어로 이루어진 접속사와 두 단어 이상으로 이루어진 접속사구가 있다.

When you were born, I was 15.
네가 태어났을 때, 나는 15살이었다. (접속사)

I will leave here as soon as the vacation begins.
방학이 시작되자마자 나는 여기를 떠날거야. (접속사구)

2 시간 부사절을 이끄는 종속접속사

*시간 부사절에서는 현재시제가 미래시제를 대신한다는 점을 유의한다.

● 접속사

when ~할 때	as ~할 때	while ~하는 동안	before ~하기 전에
after ~한 후에	since ~한 이래로	once 일단 ~하면	until ~ 때까지

Give me a call when he comes back. 그가 돌아오면 나에게 전화 줘.

You should brush your teeth before you go to bed.
잠자리에 들기 전에 이를 닦아야 해.

● 접속사구

> **as soon as** ~하자마자 **as long as** ~하는 동안, ~하는 한 **by the time** ~때까지

I'll get back to you as soon as I get back.

돌아오는 즉시 다시 연락드릴게요.

I don't care about money as long as you love me.

네가 나를 사랑하기만 한다면 돈은 상관없어.

(**more tips**)　　until(till)과 by the time은 둘 다 '~할 때까지'로 해석되지만 until
은 동작이나 상태가 계속될 때 사용하고 by the time은 기한이 완료됨을 뜻한다.

I'll be waiting here until he shows up.

그가 나타날 때까지 여기에서 기다리고 있을거야.

3　조건 부사절을 이끄는 종속접속사

* 조건 부사절에서는 현재시제가 미래시제를 대신한다는 점을 유의한다.

● 접속사

> **if** 만약~라면　　**unless** 만약~하지 않는다면(=If ~not)

If it snows tomorrow, I'll go skiing. 내일 눈 오면 스키 타러 갈거야.

Come tomorrow unless I call. (=Come tomorrow if I don't call.)

내가 전화하지 않으면 내일 와.

● 접속사구

> **in case** ~인 경우를 대비하여, 만일 ~라면 **as far as** ~하는 한

In case it rains, you should take your umbrella.

비가 올 경우를 대비해서 너는 우산을 가져가는게 좋겠다.

영어로 말해보기

1　그가 돌아오면 나에게 전화 줘.(Give ~)　　**Give me a call when he comes back.**

2　잠자리에 들기 전에 이를 닦아야 해.　　**You should brush your teeth before you go to bed.**

3　내가 한국에 도착하자마자 너에게 들를게.　　**I'll visit you as soon as I arrive in Korea.**

4　네가 오면 나는 기쁠거야.(glad)　　**If you come, I'll be glad.**

5　내가 전화하지 않으면 내일 와.(Come~)　　**Come tomorrow unless I call.**

Unit 87 이유/ 양보/ 결과의 부사절

Grammar in DIALOG

A Do you have any plans for this weekend?
B I need to go shopping for Christmas presents.
A I envy you. I'll be working this weekend, too.
Christmas is just around the corner, though.

A 이번 주말에 뭐 할 계획이 있어?　　B 성탄절 선물사러 쇼핑가야 돼.
A 부럽네. 난 이번 주말에도 일하고 있을거야. 성탄절이 코 앞에 왔는데도 말야.

POINT

1 이유 부사절을 이끄는 종속접속사

● 접속사

> ~ 때문에
> **because** (비교적 강한 이유) **since** (당연히 알만한 이유) **as** (구어체) **for** (문어체)

I couldn't feel anger against him because **I like him so much.** 나는 그를 너무 좋아해서 그에게 화를 낼 수가 없었다.

As **it was getting dark, we had to go home.**
점점 어두워졌으므로 우리는 집으로 가야만 했다.

● 접속사구

> **now that S+V** ~하기 때문에, ~한 이상은 (비교적 가벼운 원인)

Now that **we have eaten, let's go.** 이제 먹었으니까 출발하자.

2 양보 부사절을 이끄는 종속접속사

● 접속사(구)

> 비록 ~이지만 **(al)though** **(even) if** **even though** (비교적 강한 양보의 의미)

Though he is 8 years old, he speaks five languages.

그가 8살임에도 불구하고 5개국 언어를 말할 수 있다.

I loved the story even though it was totally fictitious.

그 이야기가 비록 완전히 꾸며낸 것일지라도, 나는 그 이야기가 마음에 들었다.

(more tips!)

He speaks five languages. He is 7 years old, though.

*회화체에서 though를 맨 뒤로 보내 '그러나(but)'의 뜻으로 쓰기도 한다.

3 목적 부사절을 이끄는 종속접속사

● 접속사(구)

> (so) that+주어+may(can)+동사원형: ~하기 위하여
> in order that+주어+may(can)+동사원형: ~하기 위하여 *문어적 표현
> lest+주어+(should)+동사원형: ~하지 않기 위하여 *문어적 표현

I'll give you a key so that you can unlock the door.

네가 문을 열 수 있도록 열쇠를 줄게.

4 결과 부사절을 이끄는 종속접속사

● 접속사(구)

> so+형용사/부사+that+주어+동사: 매우 '형용사/부사'해서 결국~하다
> such+(관사)+(형용사)+명사+that+주어+동사: 매우 ~한 명사라서 결국 ~하다

Susie is so kind that everybody likes her.

Susie는 매우 친절해서 모두가 그녀를 좋아한다.

Susie is such a kind person that everybody likes her.

Susie는 매우 친절한 사람이라서 모두가 그녀를 좋아한다

╲ **영어로 말해보기** ╱

1 나는 그에게 화가 났기 때문에 그와 말하고 싶지 않았다.(Because~, mad at, talk to)

Because I was mad at him, I didn't want to talk to him.

2 그가 8살임에도 불구하고 5개국 언어를 말할 수 있다.(Though~, speak)

Though he is 8 years old, he speaks five languages.

3 네가 문을 열 수 있도록 열쇠를 줄게.(I'll~, so that, unlock)

I'll give you a key so that you can unlock the door.

4 Susie는 매우 친절해서 모두가 그녀를 좋아한다.(so)

Susie is so kind that everybody likes her.

5 점점 어두워졌으므로 우리는 집으로 가야만 했다.(As~)

As it was getting dark, we had to go home.

💬 Grammar in DIALOG

A Honey, I'm sorry that I was late last night. I was tied up at work.
B If I were you, I wouldn't lie like that. I know you were drinking last night.

A 자기야, 지난밤에 늦어서 미안해. 일 때문에 꼼짝달싹 못했어.
B 네가 너라면, 그런 거짓말은 안할텐데. 지난밤에 술마시고 있던거 알고 있어.

✏️ POINT

1 가정법

가정문은 일어날 수도, 일어나지 않을 수도 있는 것을 말하는 가정문과 사실과 반대되게 말하는 가정문으로 나눌 수 있다.

2 가정법 미래

미래에 어떤 일이 일어날 가능성이 있을 때 가정법미래를 쓰는데, 어떤 일이 일어날 가능성이 적을 경우 if절에 should를 쓰고 불가능한 일을 가정할 때 were/was to를 쓴다.

> 「If+주어+현재형동사, 주어+will/can+동사원형」 '~하면 …할 거야'

If you get here before eight, we can catch the train.
네가 8시 전에 여기에 도착하면, 우리는 기차를 탈 수 있을 텐데.

> 「If+주어+should+동사원형, 주어+will/can+동사원형」 '혹시~하면 …할거야'
> 「If+주어+were/was to+동사원형, 주어+would/could+동사원형」 '혹시~하면 … 할거야'

If you should run into Terry, tell him to call me.
혹시 Terry를 우연히 만나면, 나에게 전화하라고 말해.

If you should happen to **finish early, give me a ring.**
혹시 일찍 끝마치면, 전화 줘.

If I were to **be a student again, I** would **study music.**
만약 다시 학생이 된다면, 음악을 공부할텐데.

(**more tips!**) 가정법 미래의 경우 주절에 will/can 대신, 상황에 따라 would, should, could, might 등을 쓸 수 있다.

If you jog every day, you might **lose your weight.**
네가 매일 조깅을 하면 몸무게가 줄거야.

If you should **happen to meet Sally, perhaps you** could **say hello to her.** 혹시 Sally를 만나게 되면, 인사 전해줘.

3 가정법 과거

가정법과거시제는 '현재'의 사실에 반대되거나 어긋날 때 사용된다. 조건절에 be동사
는 대부분 were을 쓰지만 was를 쓰는 경우도 있다.

> 「If+주어+과거형동사, 주어+would/could+동사원형」 '(현재에)~라면 …할 텐데'

If I were **rich, I** would **spend all my time travelling.**
(=As I'm not rich, I can't spend all my time travelling)
내가 부자라면 모든 시간을 여행하면서 보낼텐데.

* If I were you~는 상대방에게 충고할 때 주로 쓴다.

If I were **you, I**'d **get that car serviced.**
내가 너라면 자동차 점검 받을텐데.
*would나 could는 'd로 줄여 쓰거나 말하기도 한다.

4 가정법 과거완료

가정법과거시제는 '과거'의 사실에 반대되거나 어긋날 때 사용된다.

> 「If+주어+과거완료, 주어+would/could+have+과거분사」
> '(과거에)~했다면 …했을텐데'

If John had played **well, the team** would have won**.**
(=As John didn't play well, the team didn't win.)
John이 잘 뛰었다면 팀이 승리했을텐데.

5 혼합가정법

조건절에는 가정법과거완료형이, 주절에는 가정법과거형이 오는 것을 혼합가정법이라고 한다. 따라서 과거의 사실에 반대되거나 어긋나는 가정을 하고, 그 결과 현재사실과 다른 상상을 하는 내용상 과거와 현재가 혼합된 형태이다.

> 「If+주어+과거완료, 주어+would/could+동사원형」 '(과거에)~했다면 …(현재) 할텐데'

If I had finished my report yesterday, I could hang out with my friends now.

(=As I didn't finish my report yesterday, I can't hang out with my friends.) 어제 보고서를 끝냈더라면 지금 친구와 놀 수 있을텐데.

(more tips!) **가정법 정리**

종류	실제시제	형태
가정법 미래	미래	If+주어+현재형동사, 주어+will/can+동사원형 If+주어+should+동사원형, 주어+will/can+동사원형 If+주어+was/were to+동사원형, 주어+will/can+동사원형
가정법 과거	현재	If+주어+과거형동사, 주어+would/could+동사원형
가정법 과거완료	과거	If+주어+과거완료, 주어+would/could+have+과거분사
혼합 가정법	과거+현재	If+주어+과거완료, 주어+would/could+동사원형

╲ **영어로 말해보기** ╱

1 네가 8시 전에 여기에 도착하면, 우리는 기차를 탈 수 있을텐데.

If you get here before eight, we can catch the train.

2 내가 만약 다시 학생이 된다면, 음악을 공부할텐데.

If I were to be a student again, I would study music.

3 내가 부자라면, 저 차를 살 수 있을텐데.

If I were rich, I could buy that car.

4 내가 너라면 거기에 안갈텐데.

If I were you, I wouldn't go there.

5 내가 너의 전화번호를 알았더라면 네게 전화할 수 있었을텐데.

If I had known your phone number, I could have called you.

[1] 전치사의 목적어는 주로 전치사 다음에 오지만 상황에 따라 목적어가 전치사 앞에 위치하는 경우도 있다.

1. wh- 의문문일 경우

Who are you waiting for? 누구를 기다리고 있어?

2. 부정사 구문일 경우

I need some friends to hang around with.

나는 같이 어울릴 친구가 필요하다.

3. 관계사절일 경우

This is the book that I told you about. 내가 말했던 책이야.

[2] 상관접속사와 수의 일치

다음의 접속사들이 나오는 경우 동사의 수는 내용상 중요한 명사, 또는 동사와 위치가 가까운 명사에 수를 일치시킨다.

both A and B : 'A와 B 둘다'의 의미로 복수동사 사용

not only A but also B (= B as well as A) : B에 일치

not A but B : B에 일치

either A or B : B에 일치

neither A nor B : B에 일치

A **I wish I could work for the government.**
B **It's a stable job but not very exciting.**

A 공무원이 될 수 있다면 좋겠는데.
B 안정적이지만 역동성은 떨어지잖아.

1 I wish+가정법

> I wish+가정법과거

'현재'사실과 다른 상황을 소원할 때 사용하며 「I wish+주어+동사의 과거형」 형태로, 뜻은 '~한다면 좋을텐데'이다.

I wish I could speak Chinese.
(=I'm sorry that I can't speak Chinese.) 중국어를 할 수 있다면 좋을텐데.
I wish I were in your shoes.
(=I'm sorry that I'm not in your shoes.) 네 입장이라면 좋을텐데.

> I wish+가정법과거완료

'과거'사실과 다른 상황을 소원할 때 사용하며 「I wish+주어+had+p.p」형태로, 뜻은 '~했다면 좋았을텐데'이다.

I wish Jane had come to my birthday party yesterday.
(=I'm sorry that Jane didn't come to my birthday party yesterday.)
어제 Jane이 내 생일 파티에 왔다면 좋았을텐데.

I wish I had been there.(=I'm sorry that I wasn't there)
내가 거기에 있었더라면 좋았을텐데.

2 as if 가정법

as if+가정법과거

'현재'사실과 다른 상황을 가정할 때 사용하며 「as if+주어+동사의 과거형」 형태로, 뜻은 '마치 ~인 것처럼'이다.

He talks as if he knew everything.

그는 마치 자기가 모든 것을 아는 것처럼 말한다.

He talked as if he knew everything.

그는 마치 자기가 모든 것을 아는 것처럼 말했다.

as if+가정법과거완료

'과거'사실과 다른 상황을 가정할 때 사용하며 「as if+주어+had+p.p」 형태로, 뜻은 '마치 ~였던 것처럼'이다.

He talks as if he had dated Mary.

그는 마치 Mary와 데이트했던 것처럼 말한다.

He talked as if he had dated Mary.

그는 마치 Mary와 데이트 했던 것처럼 말했다.

3 It's time~ 구문

It's time (that)	
It's about time (that)	+가정법과거

It's time that you went to bed.(=It's time for you to go to bed.)

(지금은) 잠자리에 들 시간이다. (왜 안가고 있니?)

It's about time that you went to work.

(=It's time for you to go to work.)

(지금은) 출근할 시간이다. (왜 안가고 있니?)

4 if의 생략

if절에서 if가 생략되면, be동사나 조동사는 도치되어 문장의 맨 앞에 오게 된다.

if의 생략

• If+주어+be동사 → Be동사+주어

If I were you, → Were I you,

• If+주어+조동사 → 조동사+주어

If I should fail the test, → Should I fail the test,

● If+주어+일반동사→Do+주어+본동사

If I had a car, → Did I have a car,

if를 제외한 다른 표현

● Unless+주어+동사~ '~않다면'

Unless you do your best,~ (=If you don't do your best)
네가 최선을 다하지 않는다면, ~

● Provided(Providing) (that)+주어+동사~ '~하기만 한다면'

Provided(Providing) he doesn't come with his dog,~
(=As long as he doesn't come with his dog,~)
그가 그의 개와 함께 오지만 않는다면, ~

● Suppose(Supposing)+주어+동사~ '~하면'

Suppose(Supposing) you picked up 10,000 dollars,~
(=If you picked up 10,000 dollars, ~)
네가 만약 10,000달러를 줍는다면, ~

영어로 말해보기

1 내가 네 입장이라면 좋을텐데.(~ in your shoes)

I wish I were in your shoes.

2 내가 거기에 있었더라면 좋았을텐데.

I wish I had been there.

3 그는 마치 자기가 노인인 것처럼 말한다.(an old man)

He talks as if he were an old man.

4 그는 마치 유령을 본 것처럼 말했다.

He talked as if he had seen the ghost.

5 잠자리에 들 시간이다.

It's time that you went to bed.

[1] 선행사에 따른 관계부사의 종류

관계부사 전치사+which	선행사
when (on/at which)	선행사가 시간을 나타내는 말일 때 - the time, the day, the week 등 **Do you remember the day? + We first met then.** → **Do you remember the day** when **we first met?** 우리가 처음으로 만난 날을 기억하니?
where (in/at which)	선행사가 장소를 나타내는 말일 때 - the place, the room, the house 등 **That is the school. + We used to study there.** → **That is the school** where **we used to study.** 저것이 우리가 공부했던 학교이다.
why (for which)	선행사가 이유를 나타내는 말일 때 - the reason **Tell me the reason. + She was absent from school for that reason.** → **Tell me the reason** why **she was absent from school.** 그녀가 학교에 결석한 이유를 말해줘.
how (in which)	선행사가 방법을 나타내는 말일 때 - the way *주의 : 관계부사 how를 쓸 경우 선행사 the way나 관계부사 how 둘 중 하나는 반드시 생략해야 한다. **This is the way. + I study English in that way.** → **This is** (the way) how **I study English.** → **This is** the way (how) **I study English.** 이것이 내가 영어를 공부하는 방법이다.

[2] 정도를 강조하는 부사

정도를 강조할 때 쓰는 부사로 fairly/ quite/ rather/ pretty '꽤'가 있다.
(weaker) fairly < quite < rather=pretty (stronger)

I speak French fairly **well.** 나는 프랑스어를 꽤 잘한다.

I quite **enjoyed myself at the party.** 파티에서 꽤 즐거웠어.

I've had rather **a long day.** 꽤 (생각보다) 힘든 하루였다.

Your English is pretty **good.** 너는 영어를 꽤 잘한다.

Unit 90 시제의 일치

Grammar in DIALOG

A I think you're really athletic.
B Yes. I like sports very much. What about you?

A 넌 정말 운동을 잘하는 것 같아. B 그래. 난 운동을 정말 좋아해. 너는 어때?

POINT

1 시제일치

영어에서 시제를 나타낼 수 있는 건 동사와 부사이다. 그리고 종속절 동사의 시제는 주절의 동사의 시제에 영향을 받는 경우가 많다. 그러므로 시제일치를 공부하기 위해서는 동사와 부사와의 관계, 그리고 주절 동사와 종속절 동사와의 관계를 잘 살펴야 하겠다.

2 시제일치시 주의사항

1. 동사의 시제와 (시간)부사의 시제는 일치시켜야 한다.

Sally now lives in New York. Sally는 현재 뉴욕에서 산다.
　　　현재 현재

David and I went out for dinner last night.
　　　　　　　　과거　　　　　　　　　　　　과거
David과 나는 어젯밤 저녁 먹으러 나갔다.

2. 주절시제가 현재, 현재완료, 또는 미래시제일 경우, 종속절에는 '모든' 시제가 올 수 있다. 이때 주절의 시제가 한 시제 과거시제가 되면 종속절 역시 한 시제 과거 시제를 쓴다.

David tells me that he teaches English.
　　　현재　　　　　　　　　　현재

→ **David told me that he taught English.**
　　　과거　　　　　　　　　　과거

David tells me that he has taught English.
　　　현재　　　　　　　　　현재완료

→ **David told me that he had taught English.**
　　　과거　　　　　　　　　과거완료

David tells me that he will teach English.
     현재   미래

→ **David told me that he would teach English.**
     과거   과거

3. 주절의 시제가 과거, 과거완료시제일 경우, 종속절에는 과거나 과거완료시제가 와야 한다.

I thought that you were[had been] sick in bed.
  과거   과거[과거완료]

3   시제일치의 예외

1. 과학적 사실이나 속담, 반복적인 행위 및 직업 등은 항상 현재시제로만 쓴다.

The boy learned that light travels faster than sound.
     과거   현재

소년은 빛이 소리보다 빠르다는 것을 배웠다.

2. 역사적인 사실일 경우 항상 과거시제로만 쓴다.

We know that Caesar was the first Roman emperor.
   현재   과거

우리는 시저가 로마제국의 첫번째 황제라는 것을 안다.

3. 과거의 상황이 현재에도 지속되는 경우 종속절시제는 현재와 과거 모두 가능하다.

Mary said that she is single.

= **Mary said that she was single.**

Mary는 그녀가 미혼이라고 말했다.(지금도 미혼일 경우)

영어로 말해보기

1 David과 나는 어젯밤 춤추러 갔었다.

David and I went dancing last night.

2 David은 그가 영어를 가르칠 것이라고 말했다.

David told me that he would teach English.

3 나는 네가 아파서 침대에 있다고 생각했어.(sick in bed)

I thought that you were sick in bed.

4 Brian은 항상 아침에 운동한다고 말했다.

Brian said that he always exercises in the morning.

5 남동생이 집에 돌아오면, 나는 그를 힘껏 안아 줄거야.(~give him a big hug)

If my brother comes back home, I'll give him a big hug.

Grammar in DIALOG

A **I hope that everything is all set up by the time we get there.**

B **I phoned and** they said that **they're almost done.**

A 우리가 거기 도착할 때 쯤 모든게 완벽하게 준비가 끝나 있으면 좋겠어.
B 전화해 봤는데 거의 끝나간다고 했어.

POINT

1   화법

다른 사람의 말을 전달하는 표현방법을 화법이라고 하는데, 화법에는 다른 사람의 말을 그대로 전달하는 직접화법이 있고, 다른 사람의 말을, 전달하는 사람 입장에서 고쳐 말하는 간접화법이 있다.

직접화법	간접화법
(예문) **He says, "I'm bored"** 전달동사	(예문) **He says that he is bored.** 피전달문
전달 동사 다음에 콤마(,)를 찍고 전달문에는 따옴표(" ")를 쓴다.	피전달문의 따옴표(" ")를 없애고 말을 전달하는 사람 입장으로 바꿔 표현한다.

2   평서문(전달문)의 화법전환

방법
1. 콤마(,)와 따옴표(" ") 삭제
2. 전달동사 say→say, say to→tell
3. 접속사 that을 쓴다.
4. 인칭대명사와 부사를 적절하게 바꾸고 시제를 일치시킨다.

Nick said, "I have to go now. Nick은 "나는 지금 가야 돼"라고 말했다.

→**Nick** said (that) he had to go then. Nick은 그때 가야한다고 말했다.

→**Nick** told me (that) he had to go then.

Nick은 내게 그때 가야한다고 말했다.

*말을 듣는 사람을 밝히고 싶으면 「tell+사람」을 쓴다.

Jack said to me, "Your brother didn't come here."

Jack은 "네 남동생이 여기에 오지 않았어."라고 말했다.

→**Jack** told me that my brother didn't go there.

Jack이 내 남동생이 거기에 가지 않았다고 말했다.

(**more tips!**) 부사와 대명사의 전환 (직접화법→간접화법)

now→then	tomorrow→the next day
yesterday→the day before	tonight→that night
last night→the night before	ago→before
this(these)→that(those)	here→there
come→go	today→that day

3 의문문(피전달문)의 화법전환

방법

1. 콤마(,)와 따옴표(" ") 삭제
2. 전달동사 say/ say to/ ask→ask
3. 피전달문은 의문사가 있는 경우 간접의문문형태인 「의문사+주어+동사」로 바꿔준다.
의문사가 없는 경우 「whether/ if(~인지 아닌지)+주어+동사」 형태를 쓴다.
4. 인칭대명사와 부사를 적절하게 바꾸고 시제를 일치시킨다.

I said to the boy, "Where do you live?"

나는 소년에게 말했다. "어디에 사니?"

→**I** asked the boy where he lives.

나는 소년에게 그가 어디에 사는지 물었다.

I asked the police officer, "How far is it?"

나는 경찰에게 물었다, "얼마나 멀어요?"

→**I** asked the police officer how far it is.

나는 경찰에게 얼마나 먼지 물었다.

David said, "Is this your car?" David은 말했다. "이게 네 차니?"

→**David** asked whether(=if) that is my car.

David은 이게 내 차인지 물었다.

The girl said to me, "Have you ever seen a wizard?"
그 소녀가 내게 말했다. "마법사를 본 적 있어요?"

→**The girl** asked whether(=if) I had seen a wizard.
그 소녀가 내게 마법사를 본 적 있는 지 물었다.

4 명령문의 화법전환

방법: 전달문의 전달동사를 문맥에 맞추어 tell(지시), ask(요청), command/
order(명령), 충고(advise), 초대(invite) 등으로 바꿔주고 목적어 뒤에 「to+동사원
형」을 쓴다. 그리고 인칭대명사와 부사를 적절하게 바꾼다.

「주어+say (to+목적어), "명령문"」→「주어+동사(tell/ask/order/advise~)+목적어
+to부정사」

My mother said to me, "Put away your books."
엄마가 내게 "네 책들 치워."라고 말씀하셨다.

→**My mother** told me to put away my books.
엄마가 내 책을 치우라고 말씀하셨다.

Henry said to me, "Would you like to go out with me?"
Henry가 내게 "데이트할래?"라고 말했다.

→**Henry** asked me to go out with him.
Henry가 내게 데이트하자고 (요청)했다.

╱ **영어로 말해보기** ╱

1 Nick은 "나는 지금 가야 돼"라고 말했다.　　**Nick said, "I have to go now."**
2 David은 말했다. "이게 네 펜이니?"
　David said, "Is this your pen?"
　== David asked whether(if) that is my pen.
3 엄마가 내게 "네 방을 치워."라고 말씀하셨다.
　My mother said to me, "Clean your room."
　==My mother told me to clean my room.
4 Sam이 내게 "내 생일파티에 올래?"라고 말했다.
　Sam said to me, "Will you come to my birthday party?" (invite)
　== Sam invited me to go to his birthday party.
5 Vicky가 내게 "창문 좀 닫아줄래?"라고 말했다.
　Vicky said to me, "Please close the window."(ask)
　== Vicky asked me to close the window.

264

[1] It's time~

It's time~ 다음에 과거시제가 아닌 to부정사가 오는 경우 '유감'을 나타내기 보다 단순히 '~할 시간이다'라는 의미로 쓰인다.

It is time to have dinner. 저녁먹을 시간이다.

It's time to tighten our belts and work harder.

허리띠를 졸라매고 더 열심히 일해야 할 때야.

[2] 목적격 관계대명사의 생략 「전치사+목적격 관계대명사」의 형태로 쓰인 경우 목적격 관계대명사를 생략할 수 없다.

I need a friend on (who(m)) I can rely. (X)

I need a friend (who(m)) I can rely on. (O)

전치사를 형용사절 끝으로 보내고 생략한다.

나는 의지할 친구가 필요하다.

[3] 복합관계대명사절

복합관계대명사절의 쓰임이 명사절인지 부사절인지 구분하는 방법을 알아보자. 명사절로 쓰였을경우는 문장안에서 주어, 목적어, 보어 등 역할을 하는 반면, 부사절로 쓰였을 경우 삭제해도 문장이 성립할 수 있다는 차이로 구분할 수 있다.

You can take **whatever** you like. (명사절) 네가 좋아하는 어느 것이든 가져가.

Whatever you may say, I'll be here for you. (부사절) 네가 뭐라고 말하든, 내가 여기에 있을게.

[4] two cups of coffee or two coffees?

coffee는 셀 수 없는 거니까 "A cup of coffee"나 "Two cups of coffee"라고 해야 되는데 네이티브들은 그냥 커피를 주문할 때 거의 대부분이 "A coffee" 또는 "Two coffees"와 같이 말한다. 외국인들과 직접 부딪히다 보면 우리가 열심히 갈고 닦은 교실영어와는 다른 생활영어때문에 당황하는 경우가 많은데 이 경우도 그런 경우에 해당하는 것이다. 물론 coffee는 물질명사이고 그것을 담는 용기에 따라 모양과 양이 달라지기 때문에 a cup of coffee와 같이 단위명사의 도움을 받아야 하는게 사실이다. 하지만 커피점이나 음식점들의 메뉴판을 보면 대부분 잔,(cup)을 기준으로 제공하고 있기 때문에, 번거롭게 a cup of라는 단위명사를 붙이지 않아도 「커피 한잔」을 가리킨다는 것을 알 수가 있게 된다. 이는 coffee 뿐만이 아니라 water, milk, juice 등의 여타 음료에 대해서도 마찬가지이며 a piece of나 a roll of 따위의 단위명사로 구분해줘야 한다고 배운 bread 종류에도 함께 적용된다. 이처럼 음식을 주문할 때는(when they order) 굳이 말하지 않아도 뻔히 알 수 있는 단위명사는 생략해 버리고 간단히 a coffee, a water, a milk, a bread 등과 같이 표현하는게 보통이다.

Unit 92   강조와 도치

💬 Grammar in DIALOG

A **What do you think of his proposal?**
B **I never expected that he would come up with something so well thought out.**
A **To tell you the truth, neither did I.**

A 그 사람 제안에 대해 어떻게 생각하세요?
B 그 사람이 그처럼 훌륭한 것을 생각해내리라곤 생각조차 못했어요.
A 사실대로 말하자면, 저도 뜻밖이에요.

POINT

1 동사 강조

동사의 의미를 강조하는 경우 조동사 do를 쓰며 '정말 ~하다'로 해석한다. 이때 do의 시제는 본동사의 원래 시제를 취하며 동사는 동사원형을 쓴다.

I love you. → I do love you. 나는 정말 너를 사랑해.

Brian likes English. → Brian does like English.
Brian은 정말 영어를 좋아해.

I sent the present to Jerry. → I did send the present to Jerry. 내가 Jerry에게 정말 선물을 보냈는데.

2 의문문 강조

의문문에 on earth, in the world 등을 사용하면 '도대체'라는 의미가 추가된다. 위치는 대부분 의문사 다음에 온다.

What on earth are you doing? 너는 도대체 무엇을 하고 있니?

Who in the world stole the money? 누가 도대체 그 돈을 훔쳤을까?

3 It is/was~that 강조

I saw Heather in the park yesterday.

나는 어제 공원에서 Heather를 봤다.

● 주어강조

It was I that(=who) saw Heather in the park yesterday.

어제 Heather를 공원에서 본 사람은 나였다.

● 목적어강조

It was Heather that(=whom) I saw in the park yesterday.

어제 내가 공원에서 본 사람은 Heather였다.

● 부사(장소)강조

It was in the park that(=where) I saw Heather yesterday.

내가 어제 Heather를 본 곳은 공원이었다.

● 부사(시간)강조

It was yesterday that(=when) I saw Heather in the park.

내가 Heather를 공원에서 본 것은 어제였다.

4 장소 부사어 강조를 위한 도치

부사(구)를 문장 맨 앞에 위치시킨다. 주어/동사의 위치는 상황에 따라 다를 수 있음을 유의한다.

「주어+동사+here/there」
→ 「Here/There+동사+명사주어」 또는 「Here/There+대명사주어+동사」

Your sister comes here. → Here comes your sister.

여기 네 여동생 오네.

The bus goes there. → There goes the bus. 저기 버스 가네.

(more tips)　here/there가 문두로 와서 강조되는 그 밖의 경우

Here/There you are.(=Here/There you go.) 여기 있어.
(무엇을 건네줄 때)

Here we are. 다 왔다.(도착했을 때)

Here/There it is. 그것이 여기/거기 있네.(무엇/누군가를 발견했을 때)

5 부정어 강조를 위한 도치

「부정부사어구+be동사/조동사+주어」
*부정부사어구에는 not, never, hardly, scarcely, seldom, rarely, not only,

not until(~해서야…하다) 등이 있다

I have never been this disappointed.

→Never have I been **this disappointed.**

지금까지 이렇게 실망해 본 적이 없다.

He had rarely seen such a sunset.

→Rarely had he seen **such a sunset.**

그는 그런 일몰을 거의 보지 못했었다.

I couldn't sleep until my mother came back home.

→Not until **my mother came back home** could I sleep.

엄마가 집에 돌아오신 후에야 잠들 수 있었다.

Jenny is not only pretty, but she is so kind to everybody.

→Not only **is Jenny pretty,** but **she is so kind to everybody.**

Jenny는 예쁠뿐 아니라 모두에게 친절하다.

*부정어 강조를 위한 도치는 일상회화보다 문학작품 등에서 볼 수 있다.

6   so, neither 다음의 도치

앞에서 한 말에 대해 '~도 또한 그러하다'는 의미로 긍정문 뒤에는 「So+동사+주어」를,
부정문 뒤에는 「Neither+동사+주어」를 쓴다.

앞 문장: 일반동사 → 「So/Neither+do/does/did+주어」
앞 문장: be동사   → 「So/Neither+be동사+주어」
앞 문장: 조동사   → 「So/Neither+조동사+주어」

A: I like jazz. B: So do I.(=I like jazz, too)

A: 나는 재즈를 좋아해. B: 나도 그래.

A: I can't eat any more. B: Neither can I.

A: 나는 더 이상 못 먹겠어. B: 나도 그래. (=I can't eat any more, either.)

⌐ **영어로 말해보기** ⌐

1 그는 정말 회의에 참석했어.   **He did attend the meeting.**

2 너는 도대체 어디에 가고 있니?   **Where on earth are you going?**

3 내가 사랑하는 사람은 네가 아니다.   **It's not you that I love.**

4 여기 네 여동생 오네.   **Here comes your sister.**

5 내가 그녀를 만난 곳은 독일에서가 아니었다. **It wasn't in Germany that I met her.**

[1] 관계대명사 what

You may order what you want **and just put it on the company's expense account.**

What's more, **the children made them themselves.**

You can do what you think is right, **just leave me a memo as to what the outcome was.**

We want to know what you want **the company to do about their maternity leave policy.**

일상회화에서 실로 엄청난 빈도를 자랑하는 관계대명사 what은 잘 익혀두어 수시로 꺼내 쓰면 회화실력이 부쩍 향상되었다는 소리를 들을 수 있는 보물. 우선 단촐한 겉모습과는 달리 선행사를 이미 품고 있다는 것이 다른 관계대명사들과 구별되는 것이라고 할 수 있다. 그리하여 모든 문법책에서 the thing which나 that which, all that 등을 언급하며 what을 설명하고 있는 것이다.

위 첫 번째 예문을 보면 여느 관계사절과는 달리 order의 목적어 역할을 하는 명사 즉 선행사는 온데 간데 없고 부모없는 가정을 책임지는 소년·소녀가장처럼 what 혼자서 꿋꿋하게 선행사와 관계대명사의 두 몫을 다 하고 있음을 알 수 있다.

what은 who, which 등의 여느 관계사들이 앞의 선행사를 수식하는 형용사절을 이끄는 것과는 달리 명사절 혹은 부사절을 이끈다. 두번째 예문을 보면 what you think is right는 주절의 동사 do의 목적절임을 알 수 있다. 그도 그럴 것이 수식해줄 선행사가 애시당초 없이 혼자서 그몫까지 다 해야하는 소년·소녀 가장이라고 했으니까. 두번째 예문의 what's more는「게다가」라는 의미로 부사절을 이끄는 경우. 때로 관계대명사 what은 의문대명사와 혼동스러울 때가 있다. 이때 의문사의 옷을 빌어 입은 what을 진짜 의문사와 어떻게 구별하는가? 네번째 예문의 경우 우리말로 해석을 할 때「회사가 출산휴가 정책에 대해 하기를 원하는 것」이라고도 옮겨지기도 하지만「회사가 출산휴가정책에 대해 무엇을 하기를 원하는지」라고 간접의문문으로도 가능해 보인다. 이 경우 내놓을 수 있는 비장의 카드는 바로 관계대명사 what이 the thing which로 분해될 수 있다는 기초적인 사실. 즉 분해될 수 있다면 관계대명사 그렇지 않다면 의문사인 것. 이 문장은 the thing which로 나누어지므로 관계대명사임을 알 수 있다.

[2] each와 every

each와 every는 비슷한 상황에서 쓰이지만 each는 어떤 수의 집합체에 대해 '그 개개의 것을 강조'하고, every는 포괄적으로 '하나도 빠짐없이 모두'의 의미를 말할 때 쓰인다.

Each of **the people have very different personalities.**
사람들은 각각 매우 다른 성격을 가지고 있다.

I enjoyed every **minute of my stay in Paris.**
내가 파리에서 머무르는 동안 순간순간이 즐거웠다.

「every+기수+복수명사」와「every+서수+단수명사」는 '~마다'의 뜻을 가진다.

The Olympic Games take place every four years.(=The Olympic Games take place every forth year. 올림픽 대회는 4년마다 개최된다.

SUPPLEMENTS

1 I can/can't + 동사원형 → '나는 ~할 수 있다/없다' → 능력

나는 스키 탈줄 알아요.	I can ski.
그는 불어를 매우 잘해요.	He can speak Frenchvery well.
나는 스파게티 만들 줄 몰라요.	I can't make spaghetti.

2 Can I + 동사원형? → '내가 ~해도 될까?' → 허락

내가 여기에 주차해도 될까?	Can I park here?
내가 당신 이름 물어봐도 될까요?	Can I ask your name?
내가 그 전화 사용해도 될까?	Can I use the phone?
너는 풀장에서 수영해도 돼.	You can swim in the pool.

3 Could you+동사원형? → '~해줄래요?' 부탁

저 도와 주실래요?	Could you help me?
집에까지 태워다 주시겠어요?	Could you give me a ride home?
10달러 지폐 바꿔 줄 수 있어요?	Could you change a ten-dollar bill?

4 I will~ → '나는 ~할거야' → 미래, 의지

나는 점심에 스파게티를 먹을거야.	I will eat spaghetti for lunch.
나는 지금 집에 갈거야.	I will go home now.
Sally는 늦지 않을거야.	Sally won't be late.

5 You won't~ → '너는 ~안하려고 하는구나' → 고집

그는 내 말을 들으려고 안해.	He won't listen to me.
창문이 안 열려.	The window won't open.
반지가 안 빠져.(come off)	The ring won't come off.

6 Will you~? → '너 ~할래/ ~해줄래?' → 권유, 부탁

너 콜라 좀 마실래?	Will you have some coke?
내 부탁 좀 들어줄래?	Will you do me a favor?

7 I would like (to+동사원형) → '나는 ~하고 싶어'

나는 외식하고 싶어요.(eat out)	I'd like to eat out.
당신 차 좀 드실래요?	Would you like some tea?
당신 산책 가실래요?(go for a walk)	Would you like to go for a walk?

8 I would rather + 동사원형 → '나는 차라리~하고 싶어'

나는 그냥 집에 있을래요. **I'd rather stay home.**
나는 차라리 거기 안갈래. **I'd rather not go there.**
너 차라리 taxi를 탈래? **Would you rather take a taxi?**

9 You should ~ → '너는 ~해야 해'

너는 병원에 가봐야 해. **You should see a doctor.**
너는 거기에 정각에 가야해. **You should be there on time.**
너는 TV를 너무 많이 보지 않아야 해. **You shouldn't watch TV too much.**
제가 정장을 입어야 하나요? **Should I dress up?**

10 You should → '너는 ~일거야'

너는 피곤할거야. **You should be tired.**
이 시간에 Tim은 그의 사무실에 있을거야. **Tim should be at his office at this time.**
리모콘은 텔레비전 옆에 있을거야. **The remote control should be next to the television.**

11 You'd better (not)~ → '너는 ~하는(하지 않는) 편이 낫다'

너 조심하는게 좋아.(watch out) **You'd better watch out.**
너 지하철 타는 편이 나아. **You'd better take the subway.**
너 결석하지 않는게 좋아. **You'd better not be absent.**
너 늦지 않는게 좋아. **You'd better not be late.**

12 You must~ → '너는 ~를 꼭 해야 해'

당신은 안전벨트를 매야 해요. **You must fasten your seatbelt.**
우리는 영어공부를 해야 하나요? **Must we study English?**

13 You must~ → '너는 ~임에 틀림없어'

그것은 사실임에 틀림없어. **It must be true.**
Jack은 자기 방에 있음에 틀림없어. **Jack must be in his room.**
금욜밤에는 사람이 많이 있음에 틀림없어. **There must be a lot of people on Friday night.**

14 You have to/ She has to ~ → '너[개]는 ~를 해야 해'

나는 지금 당장 가야해. **I have to go right now.**
Jin은 공부해야해. **Jin has to study.**

너는 지금 정말 가야하니?	**Do you really have to leave now?**
우리는 회의에 참석해야 했어.(과거)	**We had to attend the meeting.**
수지는 윌슨 부인을 만나러 가야할거야.	**Susie will have to go and see Mrs. Wilson.**

15 You don't have to~ → '너는 ~ 할 필요가 없어'

| 너는 나를 기다릴 필요가 없어. | **You don't have to wait for me.** |
| 너는 내대신 그걸 계산할 필요가 없었어. | **You didn't have to pay it for me.** |

16 You have got to~ → '넌 ~해야 해'

너는 숙제를 해야 해.	**You've got to do your homework.**
나는 가야 해.	**I've got to go.**
너는 지금 가야 해?	**Have you got to go now?**

17 You've got to~ → '넌 ~임에 틀림없어'

너는 농담하고 있음에 틀림없어.	**You've got to be joking.**
그 가방은 틀림없이 비싸.	**The bag has got to be expensive.**
James는 집에 있음에 틀림없어.	**James has got to be at home.**

18 I am ~ing → '나는 ~하고 있어'

나는 샤워 중이야.	**I'm taking a shower.**
나는 학교에 가고 있어.	**I'm going to school.**
남동생은 전화 통화 중이야.	**My brother is talking on the phone.**
Jim은 담배를 피고 있어.	**Jim is smoking.**
눈이 오고 있어.	**It's snowing.**
우리는 아침을 먹고 있어.	**We're eating breakfast.**

19 I'm not ~ing → '나는 ~하고 있지 않아'

나는 자고 있지 않아.	**I'm not sleeping.**
나는 전화통화하고 있지 않아.	**I'm not talking on the phone.**
너는 숙제를 하고 있지 않구나.	**You aren't doing your homework.**
너는 운동하고 있지 않구나.	**You aren't exercising.**
Kathy는 남동생을 괴롭히고 있지 않아.	**Kathy isn't bothering her brother.**
그들은 파티를 하고 있지 않아.	**They aren't having a party.**

20 I +과거동사 → '나는 ~했어'

| 나는 친구들과 영화를 봤어. | **I saw a movie with my friends.** |

너 새 코트 샀구나.	**You bought a new coat.**
우리는 숙제 했어.	**We did our homework.**
부모님은 일본으로 떠나셨어.(leave for)	**My parents left for Japan.**

21 I didn't +동사원형 → '나는 ~하지 않았어'

나는 숙제를 하지 않았어.	**I didn't do my homework.**
나는 어젯밤 잠을 잘 못 잤어.	**I didn't sleep well last night.**
우리는 일찍 일어나지 않았어.	**We didn't get up early.**

22 I've+과거분사 → '나는 막 ~했어'→ 완료

나는 금방 저녁을 먹었어.	**I've just had dinner.**
나는 이미 숙제를 끝마쳤어.	**I've already finished my homework.**
Jane은 금방 떠났어.	**Jane has just left.**
나는 아직 결정 못했어.	**I haven't decided yet.**
너는 막 집에 도착했니?(get)	**Have you just got home?**

23 I've+과거분사 → '나는 ~해본 적이 있어' → 경험

나는 멕시코 음식을 먹어본 적이 있어.	**I've tried Mexican food.**
우리는 디즈니랜드에 가본 적이 있어.	**We've been to Disneyland.**
James는 번지점핑을 해본 적이 없어.	**James hasn't tried bungy jumping.**
너는 Florida에 가본 적 있니?	**Have you ever been to Florida?**

24 I've+과거분사 → '나는 계속 ~해왔어' → 계속

나는 너를 1시간동안 기다렸어.	**I've waited for you for an hour.**
Ted는 20년동안 여기에서 일해왔어.	**Ted has worked here for 20 years.**
일주일동안 비가 왔다.	**It has rained for a week.**
우리는 10년동안 알아왔어.	**We've known each other for 10 years.**
비가 얼마나 오래왔지?	**How long has it rained?**
너희는 얼마나 알고 지냈니?	**How long have you known each other?**

25 I've+과거분사 → '나는 ~해버려서 지금은 ~해' → 결과

나는 충분히 먹었어.	**I've had enough.**
나는 내 책을 잃어 버렸어.	**I've lost my book.**
Janet은 미국에 가 있어.	**Janet has gone to the United States.**

Nancy는 뉴욕으로 떠나 버렸어.　Nancy has left for New York.
너는 숙제를 다 마쳤니?　**Have you finished your homework?**

26 I'm going to + 동사원형 → '나는 ~할 예정이야'

나는 수영할 예정이야.　**I'm going to swim.**
나는 저녁 안 먹을거야.　**I'm not going to eat dinner.**
우리는 오늘밤 영화를 보러갈 예정이야.　**We're going to see a movie tonight.**
너는 무엇을 할 예정이니?　**What are you going to do?**

27 재귀대명사를 이용한 표현

나는 혼자 산다.　**I live by myself.**
나는 혼자 힘으로 그것을 끝마쳤다.　**I finished it for myself.**
Mary는 가끔 혼잣말을 한다.(talk)　**Mary sometimes talks to herself.**
문이 저절로 열렸다.　**The door opened of itself.**
우리는 파티에서 즐거웠다.(enjoy)　**We enjoyed ourselves.**
마음껏 먹어.(yourself)　**Help yourself.**
편안히 있어.(yourself)　**Make yourself at home.**

28 look/feel/smell/taste/sound+형용사

너 피곤해 보인다.　**You look tired.**
그들은 지루해 보인다.　**They look bored.**
나는 아픈 느낌이다.　**I feel sick.**
이 생선은 냄새가 나쁘다.　**This fish smells bad.**
뭔가 좋은 냄새가 난다.(good)　**Something smells good.**
그것은 맛이 좋아?(good)　**Does it taste good?**
이 수프는 맛이 정말 좋다.(terrific)　**This soup tastes terrific.**

29 a few/ a little → '약간의'

나는 일본어 몇 마디를 안다.(words)　I know a few words of Japanese.
난 몇분 후에 거기 도착할거야.(be there)　I'll be there in a few minutes.
나는 약간의 물을 마셨어.　I drank a little water.
나는 약간의 과일을 샀어.(fruit)　I bought a little fruit.

30 few/ little → '거의 없는'

Sally는 실수를 거의 안해.(mistakes)　**Sally makes few mistakes.**
여기 사람들이 거의 없어.　**There are few people here.**

Jack은 돈이 거의 없어. **Jack has little money.**
병 안에 물이 거의 없어.(in the bottle) **There is little water in the bottle.**

31 빈도부사 always, usually, often, sometimes, rarely, hardly, never

나는 항상 일찍 일어나야한다.(must) **I must always get up early.**
나는 보통 아침을 먹는다. **I usually have breakfast.**
나는 가끔 중국 음식을 먹는다. **I sometimes eat Chinese food.**
나는 학교에 거의 늦지 않는다.(hardly) **I'm hardly late for school.**

32 정도부사 so, very, much, little, enough

당신 정말 아름다워요. **You're so beautiful.**
나는 매우 잘 지내고 있어요.(get along) **I'm getting along very well.**
네 영어는 충분히 훌륭해.(good) **Your English is good enough.**

33 I'm 비교급(형용사/부사+er) than ~

나는 내 남동생보다 크다. **I'm taller than my brother.**
아테네가 로마보다 오래되었다.(Athens) **Athens is older than Rome.**
Karen은 나보다 영어를 잘 말한다. **Karen speaks English better than me.**
한 시간 덜 걸려요. (take) **It takes less than an hour.**
나는 여기에 Sue보다 일찍 왔다. **I came here earlier than Sue.**
Sarah는 전보다 더 건강하다. **Sarah is healthier than before.**

34 much, a lot, even, far+비교급 → '훨씬 더 ~ 하다'

너는 훨씬 더 피곤해 보인다.(even) **You look even more tired.**
Hyatt호텔은 Holiday Inn 보다 훨씬 비싸다.(a lot)
The Hyatt hotel is a lot more expensive than the Holiday Inn.

35 as+형용사/부사+as → 는 '~만큼 …해'

나는 엄마만큼 키가 크다. **I am as tall as my mother.**
나는 너만큼 수영을 잘 할 수 있다. **I can swim as well as you.**
Jessy의 몸무게는 나의 두 배야. **Jessy weighs twice as much as me.**

36 not as(so)+형용사/부사+as → '~만큼 …하지 않아'

제주도는 하와이만큼 크지 않다. **Jeju island isn't as big as Hawaii.**
한국에서 농구는 축구만큼 인기 있지 않다.(popular)
Basketball isn't as popular as soccer in Korea.

나는 너만큼 많이 먹지 않는다.　　　　　I don't eat as much as you.

37 as~as one can(=possible) → '가능한 ~하게'

가능한 빨리 나에게 전화해.(one can)　**Call me as soon as you can.**
내가 너에게 가능한 빨리 이메일 보낼게.　**I'll e-mail you as soon as I can.**
나는 항상 가능한 한 열심히 공부한다.　**I always study as hard as I can.**
가능한 영어를 느리게 말해 주세요.　**Speak English as slowly as you can.**

38 최상급 + of + 복수명사

우리 모두 중에서 Carol이 가장 빨리 뛴다.**Carol runs the fastest of us all.**
겨울이 사계절 중 가장 춥다.　**Winter is the coldest of the four seasons.**
David이 그들 모두 중 가장 키가 크다.　**David is the tallest of them all.**

39 최상급 + in + 장소명사

서울이 한국에서 가장 큰 도시다.　**Seoul is the biggest city in Korea.**
나일강이 세계에서 가장 긴 강이다.　**The Nile River is the longest river in the world.**
그것은 이 도시에서 가장 오래된 건물이다.**It's the oldest building in this city.**

40 「명사 + 현재분사 + 목적어/부사구」

저쪽에서 웃고 있는 남자(over there)　**the man smiling over there**
저쪽에서 웃고 있는 남자를 봐.　**Look at the man smiling over there.**

피아노를 치고 있는 소녀　**the girl playing the piano**
피아노를 치고 있는 소녀가 내 딸이다.　**The girl playing the piano is my daughter.**

벤치에 앉아 있는 남자　**the man sitting on the bench**
너는 벤치에 앉아 있는 남자를 아니?　**Do you know the man sitting on the bench?**

41 「주어 + 동사 + 현재분사(주격보어)」

나는 샤워를 하고 있다.(take)　**I'm taking a shower.**
나는 개 밥 주고 있다.(feed the dog)　**I'm feeding the dog.**
너 공부 열심히 하고 있구나.　**You're studying hard.**
아버지는 세차를 하고 계시다.　**My father is washing the car.**

우리는 파티를 하고 있다.(have)   **We're having a party.**
그 영화는 흥미로운 것 같다.(seem)   **The movie seems interesting.**

42 「주어+ 동사+ 목적어+현재분사(목적격보어)」

나는 너가 Kate와 걷는 것을 봤어.   **I saw you walking with Kate.**
나는 John이 컨닝하는 것을 봤다.   **I saw John cheating.**
나는 어젯밤 아기가 우는 것을 들었다.   **I heard a baby crying last night.**

43 「명사 + 과거분사 + 목적어/부사구」

스위스제 시계(in Switzerland)   **the watch made in Switzerland**
나는 스위스제 시계를 사고 싶다.   **I'd like to buy a watch made in Switzerland.**

거리에 주차된 차들   **the cars parked on the street**
거리에 주차된 차들 봐.   **Look at the cars parked on the street.**

Joy가 만든 의자   **the chair made by Joy**
이것이 Joy가 만든 의자야.   **This is the chair made by Joy.**

44 「주어 + 동사 + 과거분사(주격보어)」

나는 피곤하다.(tire:피곤하게하다)   **I'm tired.**
나는 지루하다.(bore:지루하게하다)   **I'm bored.**
나는 당황스럽다.(embarrass:당황케하다)   **I'm embarrassed.**
나는 신난다.(excite:신나게하다)   **I'm excited.**
나는 혼란스럽다.(confuse:혼란스럽게하다)   **I'm confused.**
나는 실망했다.(disappoint:실망시키다)   **I'm disappointed.**
나는 놀랐다.(surprise:놀라게하다)   **I'm surprised.**
나는 충격 받았다.(shock:충격을주다)   **I'm shocked.**
나는 만족한다.(satisfy:만족시키다)   **I'm satisfied.**
나는 우울하다.(depress:우울하게하다)   **I'm depressed.**

45 「주어 + 동사 + 목적어 + 과거분사(목적격보어)」

나는 창문이 부서진 것을 알았다.(find)   **I found the window broken.**
나는 내 신발이 수선되길 원해요.(repair)   **I want my shoes repaired.**
나는 내 이름이 불리는 것을 들었다.(call)   **I heard my name called.**

46 「to+동사원형」 → 명사 주어 역할 '~하는 것은'

친구들과 함께 있는 것은 즐겁다.(fun)   **It's fun to be with my friends.**

영어를 배우는 것은 신난다.(exciting)	**It's exciting to learn English.**
매일 운동하는 것은 중요하다.	**It's important to exercise every day.**
스파게티를 만드는 것은 어렵다.	**It's difficult to make spaghetti.**
여기서 택시를 잡는 것은 쉽지 않다.	**It's not easy to catch a taxi here.**
담배를 끊는 것은 어렵다.(hard, quit)	**It's hard to quit smoking.**
거기에 정각에 도착하기란 불가능하다.	**It's impossible to get there on time.**

47 to+동사원형 → 명사 목적어 역할 '~하는 것을'

나는 볼링 치러가는 것을 원한다.	**I want to go bowling.**
Tess는 방을 치울 필요가 있다.	**Tess needs to clean her room.**
Jane은 떠나지 않기로 결정했다.	**Jane decided not to leave.**
Rita는 가수가 되기를 희망한다.	**Rita hopes to be a singer.**
나는 스파게티를 먹고 싶어요.(I'd like)	**I'd like to eat spaghetti.**
불을 끄는 것을 잊지마.(turn off)	**Don't forget to turn off the light.**
비가오기 시작했다.(start)	**It started to rain.**
나는 외식하는 것을 좋아한다.	**I like to eat out.**
Jane은 방 치우는 것을 싫어한다.	**Jane hates to clean her room.**
나는 최선을 다하기 위해 노력했다.(do)	**I tried to do my best.**

48 to+동사원형 → 명사 보어 역할 '~하는 것이다'

내 꿈은 의사가 되는 것이다.	**My dream is to be a doctor.**
나는 네가 내 파티에 왔으면 좋겠어.	**I want you to come to my party.**
너는 내가 가수가 되었으면 좋겠어?	**Do you want me to be a singer?**
내가 너한테 정각에 오라고 말했잖아.	**I told you to come on time.**

49 의미상의 주어: for+목적격 → It's ~for+목적격+to 부정사

우리가 잠자리에 들 시간이다.	**It's time for us to go to bed.**
네가 늦지 않는 것은 중요하다.	**It's important for you not to be late.**
이 물은 내가 마시기에 너무 뜨겁다.	**This water is too hot for me to drink.**
그가 일찍 일어나는 것은 불가능하다.	**It's impossible for him to get up early.**

50 의미상의 주어: of+목적격

It's kind, nice, sweet, stupid, careless, rude 등 + of+목적격+to 부정사

| 내 생일을 기억하다니 너는 다정하구나. | **It's sweet of you to remember my birthday.** |
| 그런 말을 하다니 그는 부주의했어. | **It was careless of him to say that.** |

나를 도와주다니 너는 친절하다.   It's kind of you to help me.
네가 내게 이메일을 보내서 좋았어. (nice) It was nice of you to e-mail me.
그녀가 그렇게 하다니 멍청하다.(stupid) It's stupid of her to do that.
그에게 고함지르다니 너는 무례했다.(yell) It was rude of you to yell at him.

51 too+형용사+to부정사 → '~하기에 너무 …하다'

나는 너무 피곤해서 나갈 수 없다.   I'm too tired to go out.
너무 추워서 밖에서 축구할 수 없다.   It's too cold to play soccer outside.
Tim은 너무 어려서 운전할 수 없다.   Tim is too young to drive.
그 코트는 너무 비싸서 살 수 없어요.   The coat is too expensive to buy.
거기까지 걸어가기에는 너무 멀다.   It is too far to walk there.
이 가방은 들고 다니기에 너무 무겁다.   This bag is too heavy to carry.

52 형용사+enough+to부정사 → '~하기에 충분히 …하다'

너는 그 영화를 볼 충분한 나이다.   You're old enough to see the movie.
네 영어는 이해하기에 충분히 훌륭해.   Your English is good enough to
                                      understand.
그들은 결혼하기에 충분히 나이 먹었다.   They are old enough to get married.
Sam은 BMW를 살 만큼 충분히 부유하다. Sam is rich enough to buy a BMW.
그녀는 모델이 되기에 충분히 키가 크다.   She's tall enough to be a model.

53 동명사「동사원형+~ing」주어역할

매일 운동하는 것은 건강에 좋다.   Exercising every day is good for
                                      health.
모두에게 친절하기란 쉽지 않다.   Being kind to everyone is not easy.
매일 일찍 일어나는 것은 어렵다.   Getting up early every day is
                                      difficult.
너와 이야기 한 것은 좋았어.(nice)   It was nice talking to you.

54 동명사「동사원형~ing」목적어역할

나는 축구하는 것을 좋아한다.   I like playing soccer.
나는 혼자 먹는 것을 싫어해.   I hate eating alone.
그 차는 수리를 필요로 한다.   The car needs repairing.
나는 모든 종류의 영화 보는 것을 즐긴다. I enjoy seeing all kinds of movies.
그는 담배를 끊었다.   He quit smoking.
덜 먹는 것이 네 건강에 좋다.(eat less) Eating less is for your health.

55 동명사「동사원형~ing」보어역할

나의 취미는 영화를 보는 것이다.	My hobby is seeing a movie.
그의 목표는 변호사가 되는 것이다.	His goal is being a lawyer.
중요한 것은 매일 운동하는 것이다.	The important thing is exercising every day.
나의 좋아하는 스포츠는 테니스치는거야.	My favorite sport is playing tennis.

56 동명사「동사원형~ing」전치사의 목적어역할

나를 도와 준 것 고마워.(Thank you for~)	Thank you for helping me.
나는 춤추고 싶은 기분이다.(feel like)	I feel like dancing.
난 버스에서 자는데 익숙해.(be used to)	I'm used to sleeping on the bus.
나는 너를 보는 것을 손꼽아 기다리고 있다.(look forward to)	
	I'm looking forward to seeing you.

57 I want, need, hope, expect, decide, plan, would like, would love + to 부정사

나는 피자를 먹기를 원한다.	I want to eat pizza.
나는 일본으로 떠나지 않기로 결심했다.	I decided not to leave for Japan.
너를 여기서 볼 줄 몰랐어.(expect)	I didn't expect to see you here.

58 I finish, mind, avoid, stop, enjoy, give up, consider + 동명사

나는 일을 마쳤다.(finish)	I finished working.
나는 너를 돕는 것을 꺼리지 않는다.	I don't mind helping you.
나는 영어공부 하는 것을 즐긴다.	I enjoy learning English.

59 I like, love, prefer, hate, start, begin, continue +to 부정사/ 동명사

나는 영화 보러가는 것을 좋아한다.	I like to see a movie.
	I like seeing a movie.
나는 요리하는 것을 좋아한다.(love)	I love to cook. / I love cooking.
난 집에서 축구경기를 보는 걸 더 좋아해.	I prefer to watch soccer game.
	I prefer watching soccer game.
나는 혼자있는 것을 싫어한다.	I hate to be alone.
	I hate being alone.
눈이 오기 시작했다.	It started to snow.
	It started snowing.
비가 오기 시작했다.	It began to rain.
	It began raining.

나는 계속 이야기했다.	**I continued to talk.**
	I continued talking.

60 remember, forget, stop, try + to 부정사/ 동명사

오늘 병원 가는거 기억해라.	**Remember to go to see a doctor today.**
나는 지난번 그를 만난 거 기억한다.	**I remember seeing him once before.**
나에게 전화하는거 잊지마.	**Don't forget to give me a call.**
나는 너에게 전화한 걸 잊었어.	**I forgot calling you.**
나는 너에게 전화할 것을 잊었어.	**I forgot to call you.**
나를 그만 괴롭혀.	**Stop bothering me.**
그는 나에게 인사하기 위해 멈췄다.	**He stopped to say hello to me.**
나는 멕시코 음식을 먹어 봤다.	**I tried eating Mexican food.**
나는 그를 돕기 위해 노력했다.	**I tried to help him.**

61 「주어+be동사+과거분사+전치사+명사(+by목적어)」,-by 목적어 대신 「전치사+명사」

저 산은 눈으로 덮여있다.	**The mountain is covered with snow.**
나는 스포츠에 관심있다.	**I'm interested in sports.**
너는 네 일에 만족하니?	**Are you satisfied with your job?**
그 가수는 모두에게 알려져 있다.	**The singer is known to everybody.**
나는 그 소식에 놀랐다.	**I was surprised at the news.**

62 for →'~동안에'

나는 일본에 한 달 동안 머무를거야.	**I'll stay in Japan for a month.**
일주일동안 비가 내렸다.	**It's rained for a week.**
우리는 배드민턴을 세 시간 동안 쳤다.	**We played badminton for three hours.**

63 during → '~중에'

나는 방학동안에 말레이시아에 갔다.	**I went to Malaysia during the vacation.**
Jack은 식사 중에 아무 말도 안했다.	**Jack didn't say anything during the meal.**
Beth는 수업 중에 졸았다.(feel sleepy)	**Beth felt sleepy during the class.**

64 by → '~까지'

나는 저녁 10시까지 집에 돌아가야 해.
I have to go back home by 10 p.m.

결과는 내일까지 나올거야.(come out)
The result will come out by tomorrow

Jane은 11시까지 집에 도착해야 한다.
Jane has to get home by 11 o'clock.

나는 내일까지 리포트를 끝마쳐야해.
I have to finish the report by tomorrow.

너는 네 숙제를 금요일까지 제출해야해.
You have to hand in your homework by Friday.

65 until (or till) → '~까지 (계속)'

나는 여기에 금요일까지 머무를거야.
I'll stay here until Friday.

나는 정오까지 침대에 있었다.
I stayed in bed until noon.

66 in → '~후에, 만에'

내가 1시간 후에 거기 갈게.(be)
I'll be there in an hour.

Jason이 여기에 30분 후에 도착할 거야.
Jason will get here in 30 minutes.

67 in → '~안에' '~(비교적 넓은)공간 및 장소에'

박스에 책이 좀 있어요.
There are some books in the box.

그는 방에 있어요.
He's in his room.

나는 태어나면서부터 서울에 살아왔다.
I've lived in Seoul since I was born.

사람들이 수영장에서 수영하고 있다.
People are swimming in the pool.

나는 공원에서 개를 산책시켰다.(walk)
I walked my dog in the park.

68 at → '~에'

장소를 한 지점으로 말할 때, (비교적 좁은) 장소, 같은 목적을 가지고 모인 장소

나는 집에 있다.
I'm at home.

누가 문에 왔어요.(Somebody is~)
Somebody is at the door.

Sally는 책상에서 전화 통화하고 있다.
Sally's talking on the phone at her desk.

Jack은 직장에서 영어가 필요하다.
Jack needs English at work.

나는 파티에서 좋은 시간을 보냈다.
I had a great time at the party.

친구들과 나는 Jane 집에서 숙제를 했다.
My friends and I did our homework at Jane's.

난 버스정류장에서 버스를 기다리고 있다.
I'm waiting for the bus at the bus stop.

69 so → '~해서'

난 잠을 못자서 정말 피곤하다.(stay up)	I stayed up all night, so I'm very tired.
비가 많이 와서 그들은 나가지 않았다.	It rained heavily, so they didn't go out.
너무 더워 나는 재킷을 벗었다.(take off)	It was very hot, so I took off my jacket.

70 both A and B → 'A와 B 둘 다'

그녀와 나 모두 캐나다 출신이다.	Both she and I are from Canada.
Jane과 Susan 모두 서울에 살고 있다.	Both Jane and Susan are living in Seoul.

71 either A or B → 'A와 B 둘 중 하나'

Jane이나 내가 회의에 참석할 예정이다.	Either Jane or I am going to attend the meeting.
그 사람이나 네가 그것을 끝마쳐야 해.	Either he or you have to finish it.

72 neither A nor B → 'A와 B 둘 다 아닌'

그들은 영어와 한국말 모두 못한다.	They can speak neither English nor Korean.

73 「시간 접속사: when, while, before, after, until+주어+동사」

'~할 때/~하는 동안/~하기 전에/~한 후에/~할 때 까지'

내가 밖에 나갔을 때 추웠다.(When~)	When I went out, it was cold.
당신이 돌아올 때 나는 집에 있을거예요.	When you come back, I'll be at home.
너 잠들어 있는 동안 Kate가 전화했다.	While you were sleeping, Kate called.
너 나가기 전에 불끄라.(Before~,)	Before you go out, turn off the lights.
나는 집에 도착한 후 저녁을 먹었다.	After I got home, I had dinner.
나는 저녁을 먹고 TV를 봤다.(After~)	After I had dinner, I watched TV.
너가 돌아올 때까지 나는 여기 있을게.(I'll~)	I'll be here until you come back.

74 「원인, 이유 접속사: because, since, as+주어+동사」→ '~ 때문에/이라서'

매우 더워서 우리는 창문을 열었다.	Because it was very hot, we opened the window.

Jim은 미성년자로 술집에서 술마실 수 없다. **As Jim is underage, he can't drink at a bar.**

나는 점심을 거하게 먹어서 배고프지 않다. **Since I had a big lunch, I don't feel hungry.**

75 「조건, 양보 접속사: if, although+주어+동사」→ '~에도 불구하고'

만약 우리가 버스를 탄다면 더 저렴할거야. **If we take the bus, it will be cheaper.**

만약 비가 오면 우리는 피크닉 안 가요.(If~) **If it rains, we won't go on a picnic.**

만약 비가 오면 우리 어떻게 해야 하지? **If it rains, what should we do?**

만약 네가 여기에 오면, 나는 행복할거야. **If you come here, I will be happy.**

그는 겨우 15살이지만 5개 국어를 말 할 수 있다.(Although~)

Although he is only 15 years old, he can speak 5 languages.

76 주어+ look, smell, taste, sound, feel 등 + 보어 2형식

너 오늘 달라 보인다. **You look different today.**

너 정말 피곤해 보인다.(so) **You look so tired.**

뭔가 냄새가 안좋은데. **Something smells bad.**

그 수프 냄새 좋다. **The soup smells good.**

그거 맛 좋니? **Does it taste good?**

그거 맛 끝내준다.(terrific) **It tastes terrific.**

그거 좋게 들려. **It sounds good.**

그거 촉감이 좋지 않은데. **It doesn't feel good.**

77 주어+ become, get, turn, grow 등 + 보어 2형식

나는 의사가 될거야.(become) **I'll become a doctor.**

Susan은 가수가 되었다.(become) **Susan became a singer.**

나는 배고파졌다.(get) **I got hungry.**

Laura는 지루해졌다.(get) **Laura got bored.**

잎들이 빨갛게 물들었다.(turn) **The leaves turned red.**

어두워졌다.(grow) **It grew dark.**

78 3형식 「주어+동사+목적어(일반명사)」

나는 자동차를 가지고 있다. **I have a car.**

나는 사과를 좋아한다. **I love apples.**

너 모자를 쓰고 있구나.(wear) **You're wearing a hat.**

Janet은 3개 국어를 한다. **Janet speaks three languages.**

대부분의 사람들은 넘 많은 고기를 먹는다. **Most people eat too much meat.**

79 3형식 「주어+동사+목적어(대명사)」

너는 사과를 좋아해?	**Do you like apples?**
응, 나는 그것들을 매우 좋아해.	**Yes, I like them very much.**
너는 우산을 가져왔어?	**Did you bring your umbrella?**
아니, 그것을 안 가져왔는데.	**No, I didn't bring it.**

80 3형식 「주어+동사+목적어(동명사)」

나는 일을 마쳤다.(finish)	**I finished working.**
Neil은 수영하는 것을 즐긴다.	**Neil enjoys swimming.**
창문 열어주시겠어요?(mind~)	**Would you mind opening the window?**

81 3형식 「주어+동사+목적어(to부정사)」

나는 다이어트하는 것을 원한다.	**I want to go on a diet.**
나는 뉴욕으로 이사 가는 것을 결심했다.	**I decided to move to New York.**
Sam은 외식하고 싶어한다.(would like)	**Sam would like to eat out.**

82 3형식 「주어+동사+목적어(기타 명사구)」

나는 어떻게 이 기계를 사용하는지 배웠다.	**I learned how to use this machine.**
너는 어디를 가야할지 아니?	**Do you know where to go?**

83 3형식 「주어+동사+목적어(명사절)」

나는 당신이 좋은 시간 보냈으면 좋겠어요.	**I hope that you have a great time.**
나는 그가 나를 좋아하는지 알고 싶다.	**I want to know if he likes me.**
나는 그녀의 전번이 무엇인지 알고 싶다.	**I want to know what her phone number is.**
내 생각에 이번 주말에 영화를 볼 것 같아.	**I think that I will see a movie this weekend.**

84 4형식 「주어 + teach, send, tell, lend, show, buy, make, write, get + 간접목적어 + 직접목적어」

나는 그에게 책을 주었다.	**I gave him a book.**
저에게 펜을 하나 빌려주시겠습니까?	**Would you lend me a pen?**
할머니는 나에게 이야기를 들려 주셨다.	**Grandma told me a story.**
나에게 저녁 사.	**Buy me dinner.**
화이트씨 부인이 우리에게 영어를 가르쳐.	**Mrs. White teaches us English.**
물을 좀 가져다주세요.(Please)	**Please get me some water.**

난 그녀에게 담에 무얼 할지 물어보았다.   **I asked her what to do next.**

85 4형식 「주어 + tell, teach, send, lend, show, write, give) + 직접목적어 + to + 간접목적어」

그녀는 우리에게 재미있는 얘기를 해 줬다.   **She told a funny story to us.**
내게 돈 좀 빌려줘.   **Lend some money to me.**
그는 나에게 영어를 가르쳐줬다.   **He taught English to me.**
나는 그에게 책을 줬다.   **I gave a book to him.**
그것을 나에게 보내.   **Send it to me.**

86 4형식 「주어 + get, buy, make + 직접목적어 + for + 간접목적어」

남자친구가 나에게 반지를 사줬다.   **My boyfriend bought a ring for me.**
그녀는 나에게 물을 좀 갖다 줬다.   **She got some water for me.**
나는 삼촌에게 커피를 타 드렸다.   **I made some coffee for my uncle.**

87 4형식 「주어 + ask, require + 직접목적어 + of + 간접목적어」

학생들이 나에게 질문을 좀 했다.   **The students asked some questions of me.**

88 5형식 「주어 + see/ watch/ feel/ hear + 목적어 + 동사원형/ 동사+ing」

나는 네가 조는거 봤어.(doze)   **I saw you doze(dozing).**
너희들이 Lisa가 컨닝하는거 봤니?   **Did you see Lisa cheat(cheating)?**
나는 너가 춤추고 있는 거 지켜보는게 좋아.   **I like to watch you dance(dancing).**
사람들은 내가 노래 부르는 것을 지켜봤다.   **People watched me sing(singing).**
나는 Sally가 우는 것을 느꼈다.   **I felt Sally cry(crying).**
나는 뭔가 움직이는 것을 느꼈다.   **I felt something move(moving).**
나는 그들이 싸우는 것을 들었다.   **I heard them fight(fighting).**
너는 그가 나가는 소리를 들었니?   **Did you hear him go(going) out?**

89 5형식 「주어 + make/ have/ let + 목적어 + 동사원형」

너는 항상 나를 미소짓게 만들어.   **You always make me smile.**
내가 너를 피곤하게 만들었니?   **Did I make you tired?**
나는 아들에게 빨래하라고 시켰다.   **I had my son do the laundry.**
나를 가게 해줘요.(Please~)   **Please let me go.**
제가 제 소개 할게요.   **Let me introduce myself.**

90 5형식 「주어 + call/ name + 목적어 + 명사」

나를 Katie라고 불러줘.   **Call me Katie.**
사람들은 그를 바보라고 부른다.   **People call him a fool.**
나는 그 개를 Ari라고 이름 지어 줬다.   **I named the dog Ari.**
누가 너에게 Tim이라고 이름 지어줬니?   **Who named you Tim?**

91 5형식 「주어 + find + 목적어 + 형용사/ 명사」

나는 Mike가 좋은 사람이라는 걸 알았다.   **I found Mike nice.**
넌 Cindy가 거짓말쟁이라는 것을 알았니?   **Did you find Cindy a liar?**

92 5형식 「주어 + keep + 목적어 + 형용사」

커피는 나를 계속 깨어있게 해요.(awake)   **Coffee keeps me awake.**
당신을 기다리게 해서 죄송해요.   **I'm sorry to keep you waiting.**

93 5형식 「주어 + want + 목적어 + to부정사」

바닥 진공청소기로 청소해 줄까요?   **Do you want me to vacuum the floor?**

나는 네가 가수가 되었으면 좋겠어.   **I want you to be a singer.**

94 「A but B」 「not A but B」 「not only A but (also) B」

그는 잘생겼지만 지겨워.   **He's handsome but boring.**
Cindy가 아니라 네가 와야 한다.   **Not Cindy but you should come.**
Cindy 뿐만 아니라 너도 와야 한다.   **Not only Cindy but (also) you should come.**

95 혼합가정법

「If+주어+과거완료, 주어+would/could+동사원형」'(과거에)~했다면 …(현재) 할텐데'

내가 어제 보고서를 끝냈더라면 지금 친구와 놀 수 있을텐데.(hang out with)
If I had finished my report yesterday, I could hang out with my friends now.

96 「I wish+주어+동사의 과거형」→ '~라면 좋을텐데'

내가 스페인어를 할 수 있다면 좋을텐데.   **I wish I could speak Spanish.**
내가 네 입장이라면 좋을 텐데.   **I wish I were in your shoes.**

97 「I wish+주어+had+p.p」→ '~했다면 좋았을텐데'

내가 거기에 있었더라면 좋았을텐데.   I wish I had been there.

어제 그가 내 생일파티에 왔다면 좋았을텐데. I wish he had come to my birthday
party yesterday.

98 「as if+주어+동사의 과거형」→ '마치~인 것처럼'

그는 마치 자기가 노인인 것처럼 말한다.   He talks as if he were an old man.

그는 마치 자기가 노인인 것처럼 말했다.   He talked as if he were an old man.

99 「as if+주어+had+p.p」→ '마치~였던 것처럼'

그는 마치 유령을 본 것처럼 말한다.   He talks as if he had seen the
ghost.

그는 마치 유령을 본 것처럼 말했다.   He talked as if he had seen the
ghost.

100 'if'를 제외한 다른 표현

「Unless+주어+동사~ 」'~않다면'
비가 안 오면,   Unless it rains,~

「Provided(Providing) (that)+주어+동사~」'~하기만 한다면'
그가 늦게 오지만 않는다면,   Provided(Providing) he doesn't
come late,~

「Suppose(Supposing)+주어+동사~」'~하면'
네가 만약 10,000달러를 줍는다면,   Suppose(Supposing) you picked
up 10,000 dollars,~